普通高等院校电子与通信专业面向应用系列规划教材
“立德树人”系列教材

信息与通信
综合实验指导书

主　编　赖振讲　李英华
副主编　原立格　徐　音　韩彦净

北京理工大学出版社
BEIJING INSTITUTE OF TECHNOLOGY PRESS

内容简介

《信息与通信综合实验指导书》是电子信息工程、通信工程等电子信息类专业通用的实验实践教材。本书涵盖了电信类专业主干课程“信号与系统”“数字信号处理”“通信原理”等的基础实验及通信与信号处理综合实验内容。全书共4章，第1章是信号与系统实验，主要介绍“信号与系统课程”的基础实验；第2章是数字信号处理实验，主要介绍“数字信号处理”课程的实验；第3章是通信原理实验，主要介绍“通信原理”课程的基础实验；第4章是综合实验，主要介绍通信与信号处理综合实验。本教材以信息与通信实践教学为主线，按照课程基础实验到综合提高实验的顺序，将MATLAB软件仿真、DSP和通信技术实验箱等硬件设计相结合，综合运用“信号与系统”“数字信号处理”“通信原理”等课程的基本概念及专业理论知识、基本方法进行通信与信息处理中实际问题的分析与处理，从而达到理论和实践相结合的目的，巩固和加深对“信号与系统”“数字信号处理”“通信原理”等课程的基本知识的理解和掌握，提高学生综合运用所学的专业理论知识和方法独立分析和解决实际问题的能力。

图书在版编目（CIP）数据

信息与通信综合实验指导书/赖振讲，李英华主编. —北京：北京理工大学出版社，2018.8

ISBN 978-7-5682-6229-3

Ⅰ. ①信…　Ⅱ. ①赖…　②李…　Ⅲ. ①信息技术-实验-高等学校-教材　②通信工程-实验-高等学校-教材　Ⅳ. ①G202-33　②TN91-33

中国版本图书馆CIP数据核字（2018）第195291号

出版发行 / 北京理工大学出版社有限责任公司
社　　址 / 北京市海淀区中关村南大街5号
邮　　编 / 100081
电　　话 / （010）68914775（总编室）
（010）82562903（教材售后服务热线）
（010）68948351（其他图书服务热线）
网　　址 / http：//www. bitpress. com. cn
经　　销 / 全国各地新华书店
印　　刷 / 三河市天利华印刷装订有限公司
开　　本 / 787毫米×1092毫米　1/16
印　　张 / 9
字　　数 / 215千字
版　　次 / 2018年8月第1版　2018年8月第1次印刷
定　　价 / 24.00元

责任编辑 / 钟　博
文案编辑 / 郭贵娟
责任校对 / 周瑞红
责任印制 / 李志强

图书出现印装质量问题，请拨打售后服务热线，本社负责调换

序

德是育人的灵魂统帅，是一个国家道德文明发展的显现。坚持“育人为本、德育为先”的育人理念，把“立德树人”作为教育的根本任务，为郑州工商学院校本教材建设的指导方向。

立德树人，德育为先。教材编写应着眼于促进学生全面发展，创新德育形式，丰富德育内容，将习近平新时代中国特色社会主义思想渗透至教材各个章节中，引导广大学生努力成为有理想、有本领、有担当的人才，使他们真正做到习近平总书记在“十九大”报告中所要求的“坚定理想信念，志存高远，脚踏实地，勇于做时代的弄潮儿”。

立德为先，树人为本。要培养学生的创新创业能力，强化创新创业教育。要以培养学生的创新精神、创业意识与创业能力为核心，以提升学生的首创与冒险精神、创业能力和独立开展工作等能力为教育指向，改革教育内容和教学方法，突出学生的主体地位，注重学生的个性化发展，强化创新创业教育与素质教育的充分融合，把创新创业作为重要元素融入素质教育。

郑州工商学院校本教材注重引导学生积极参与教学活动过程，突破教材建设过程中过分强调知识系统性的思路，把握好教材内容的知识点、能力点和学生毕业后的岗位特点。编写以必需和够用为度，适应学生的知识基础和认知规律，深入浅出，理论联系实际，注重结合基础知识、基本训练以及实验实训等实践活动，培养学生分析、解决实际问题的能力和提高实践技能，突出技能培养目标。

前　言

《信息与通信综合实验指导书》是电子信息工程、通信工程等电子信息类、电气类部分专业通用的实验实践教材。本书涵盖了主干课程“信号与系统”“数字信号处理”及“通信原理”等的基础实验及通信与信号处理综合实践内容。

当今社会，对人才的需求更加注重理论与实践相结合，这就要求学生在学习的过程中能够将理论与实践很好地结合。随着电子技术、信息技术及通信技术的飞速发展，信息处理及通信理论在科研、生产、自动控制和日常生活中具有重要的作用，在掌握理论知识的同时，实践能力的强弱已成为学生对知识掌握程度的重要衡量标准，同时也是企业选择人才的重要依据和参考。因此，专业实践环节的加强和改革将直接影响相关专业学生的培养质量。通过学科专业的综合实践教学的建设可巩固学生的专业理论知识、提高教学效果、培养学生的专业实践技能和专业自主学习及创新能力，也有利于学生对该学科专业有一个系统的、明确的认识。

目前，对应信号与系统、数字信号处理、通信原理教材的实验指导书还不是太多，这些实验指导书都是利用仿真软件将理论形象化，并且它们有一个共同特点：是为了对应的教材而编写的。这些实验指导书的编著时间距离现在有些长，需要结合目前科技发展和学生特点加入新的元素。另外，当今社会对人才所要求的理论与实践相结合，除了理论与软件的结合外，还要求理论与硬件的动手能力相结合，并且社会对综合性人才的需求也显得更为迫切。郑州工商学院作为一个应用型大学，希望毕业的学生能够很快地胜任自己的工作岗位，适应社会的发展。结合社会对人才需求情况和郑州工商学院本身的特点，我们所编的《信息与通信综合实验指导书》在章节设置上既兼顾了各对应教材的内容，又体现了综合能力的培养；既培养了学生软件编程的实践能力，又锻炼了学生的动手能力。

本书以信息与通信实践教学为主线，按照课程基础实验到综合提高实验的顺序，将 MATLAB 软件仿真及算法实现、硬件 DSP 原理及应用和通信技术实验箱等硬件设计相结合，综合运用“信号与系统”“数字信号处理”“通信原理”等课程的基本概念及专业理论知识、基本方法进行通信与信息处理中实际问题的分析与处理，从而达到理论和实践相结合的目的，巩固和加深对“信号与系统”“数字信号处理”“通信原理”等课程的基本知识的理解和掌握，提高学生综合运用所学的理论知识和方法独立分析和解决问题的能力。

本书共 4 章。第 1 章是信号与系统实验，第 2 章是数字信号处理实验，第 3 章是通信原理实验，第 4 章是综合实验。本书的编写工作由赖振讲、李英华、原立格、徐音、韩彦净共同完成。其中，赖振讲、原立格共同编写了第 4 章；李英华编写了第 2 章；徐音编写了第 3 章；韩彦净编写了第 1 章，全书由李英华、原立格统稿。郑州工商学院电子与通信技术教研室主任郭军利对本书框架的形成及本书的统稿等作出了很多贡献，发挥了很重要的作用。

本书在编写过程中，受到了多位专家、朋友的帮助，参考并引用了大量书籍与网络资料，在此表示衷心感谢！

由于编者水平有限，书中难免存在错漏或不妥之处，恳切希望读者对本书的体系、内容等提出宝贵意见，欢迎批评指正，我们不胜感谢！

编　者

2018 年 6 月

目　录

第一章

信号与系统实验

第一节 MATLAB 软件简介

MATLAB 是美国 MathWorks 公司出品的商业数学软件。

MATLAB 是 Matrix 和 Laboratory 两个词的组合，意为矩阵工厂（矩阵实验室）。其是由美国 MathWorks 公司发布的主要面对科学计算、可视化以及交互式程序设计的高科技计算环境。它将数值分析、矩阵计算、科学数据可视化以及非线性动态系统的建模和仿真等诸多强大功能集成在一个易于使用的视窗环境中，为科学研究、工程设计以及必须进行有效数值计算的众多科学领域提供了一种全面的解决方案，并在很大程度上摆脱了传统非交互式程序设计语言（如 C、FORTRAN）的编辑模式，代表了当今国际科学计算软件的先进水平。

MATLAB 和 Mathematica、Maple 并称为三大数学软件。在数学类科技应用软件中，MATLAB 在数值计算方面首屈一指。MATLAB 的基本数据单位是矩阵，它的指令表达式与数学、工程中常用的形式十分相似，故用 MATLAB 来解算问题要比用 C、FORTRAN 等语言简捷得多，并且 MATLAB 吸收了 Maple 等软件的优点，这使其成为一个强大的数学软件。MATLAB 在新的版本中还加入了对 C、FORTRAN、C ++ 和 Java 的支持。

MATLAB 可以进行矩阵运算、绘制函数和数据、实现算法、创建用户界面、连接其他编程语言的程序等，主要应用于工程计算、控制设计、信号处理与通信、图像处理、信号检测、金融建模设计与分析等领域。

一、MATLAB 界面

MATLAB 的主界面如图 1.1 所示。MATLAB 的主界面主要由菜单栏、工具栏、当前工作目录、工作空间窗口和历史命令窗口组成。

各组成部分的功能如下：

（1）菜单栏：显示包含 MATLAB 所有功能的各个子菜单，依次为“File”“Edit”“View”“Web”“Window”“Help”。

（2）工具栏：单击该区域的按钮可以快速执行常用的功能或命令。

（3）当前工作目录：显示当前目录中的所有文件，可以执行新建文件夹或文件，以及对文件进行排序等操作。

（4）工作空间窗口：显示程序运行中的所有变量，可以采用命令“clear”清除所有变量。

（5）历史命令窗口：保存以前在命令窗口中执行的程序。双击鼠标左键可以执行历史命令窗口中的程序。

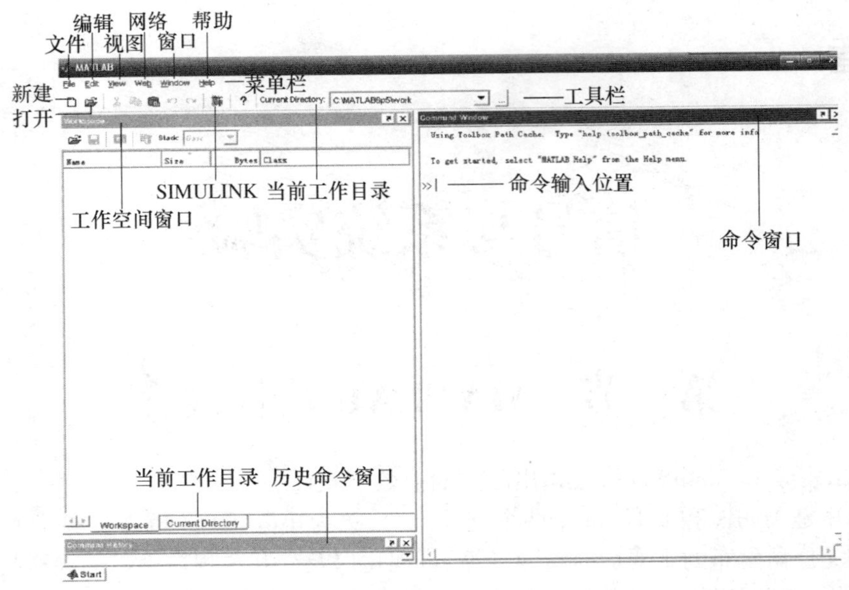

图 1.1　MATLAB 的主界面

二、MATLAB 的窗口

(1)"Workspace"窗口如图 1.2 所示。该窗口主要用于显示当前运行程序涉及的所有变量，以方便查询变量名、变量大小、变量类型。通过工作区可以对变量进行管理；通过上面的工具栏可以新建或删除变量、导入/导出数据、绘制变量的图形等。

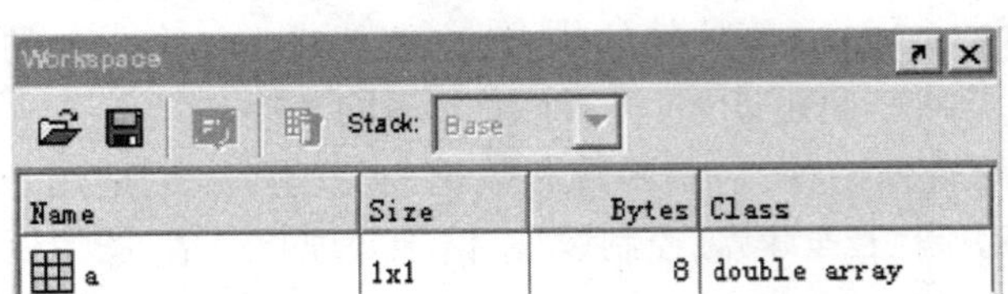

图 1.2　"Workspace"窗口

(2)"MATLAB. m"文件编辑窗口的界面如图 1.3 所示。在这个窗口可以编辑以". m"为后缀的 m 文件和脚本文件。程序编辑完成后，在该窗口可以对 m 文件进行调试、运行，如在工具栏中设置合适的断点，进行单步调试，并将其保存为正确的函数或文件，以备应用。

(3)"Current Directory"窗口如图 1.4 所示。"Current Directory"窗口显示当前路径下的所有文件和文件夹及其相关信息，并且可以通过单击"Current Directory"窗口的按钮或用鼠标右键单击打开的快捷菜单对这些文件进行操作。

(4)"Set Path"对话框如图 1.5 所示。除了 MATLAB 默认的搜索路径外，用户还可以设置其他搜索路径。设置方法为：选择 MATLAB 窗口中的"HOME"→"ENVIROMENT"→"Set Path"命令，打开"Search Path"对话框。用户可以单击"Add Folder"或者"Add with Bubfolders"按钮添加选中目录或者添加选中目录及其子目录。单击后，打开"Browse Folder"对话框，选中待添加的路径。

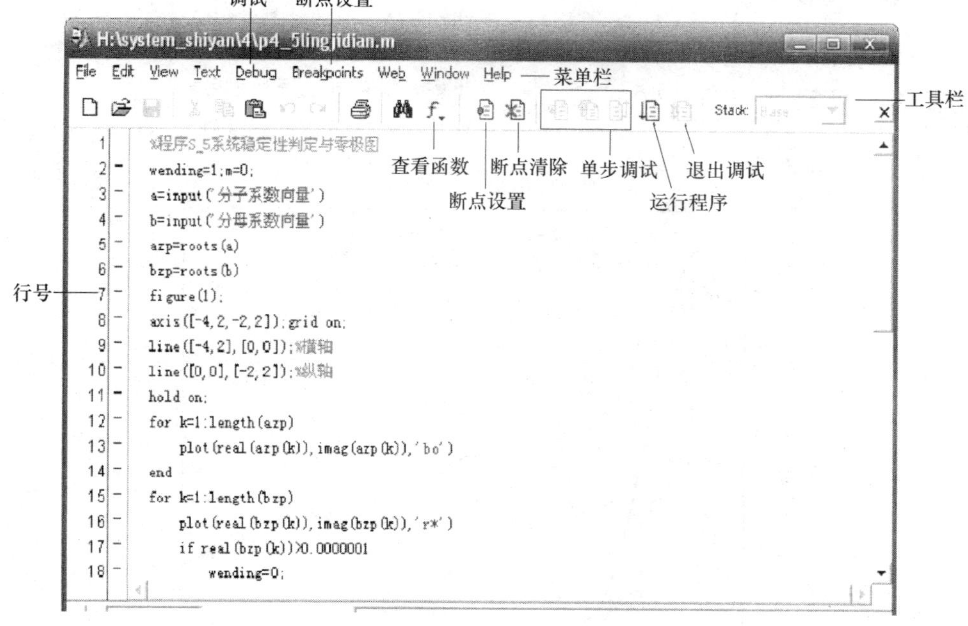

图 1.3 "MATLAB. m"文件编辑窗口的界面

图 1.4 "Current Directory"窗口

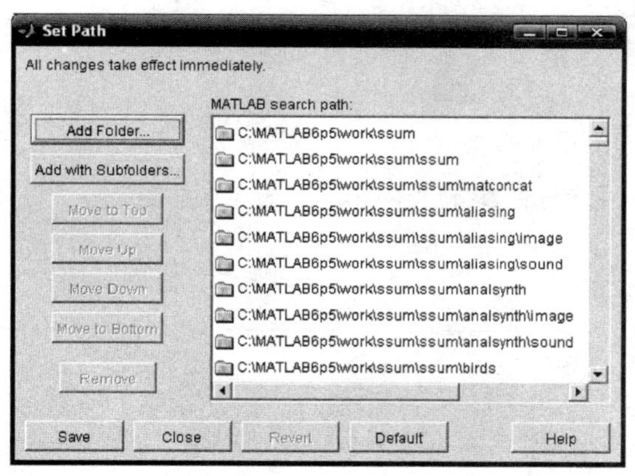

图 1.5 "Set Path"对话框

MATLAB 提供了一系列函数来支持基本的数学运算,这些函数中的大多数调用格式和人们平时的书写习惯一致,方便用户记忆和书写。例如,一般连续时间信号(以下简称"连续信号")$x(t)=5e^{-0.8t}\sin(\pi t)$、一般离散时间信号(以下简称"离散信号")$y(k)=2\times 0.8^k$,其 MATLAB 实现如【例 1-1】、【例 1-2】所示。

【例 1-1】 一般连续信号 $x(t)=5e^{-0.8t}\sin(\pi t)$ 的表示。

其 MATLAB 源程序为

```
clear;                                    % 清除内存变量
```

```
b=5;                                % 设置数学函数的计算参数
a=0.8;                              % 设置数学函数的计算参数
t=0:0.001:5;                        % 产生时间数组
x=b*exp(-a*t).*sin(pi*t);           % 计算函数值,π在程序中用 pi 表示
plot(t,x);                          % 以 t 为横轴,x 为纵轴绘图
```

运行结果如图 1.6 所示。

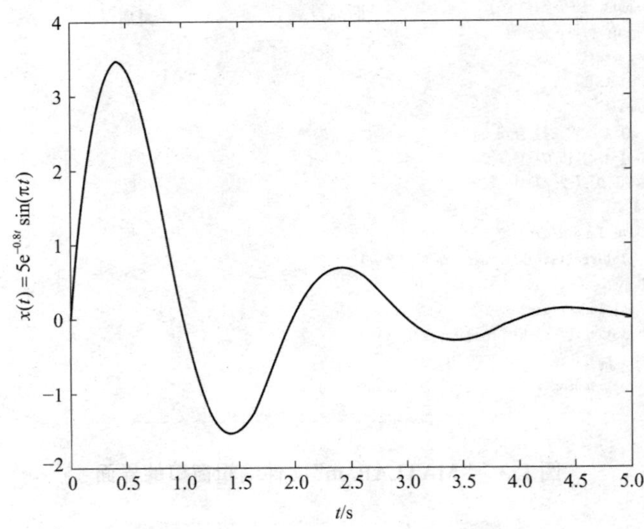

图 1.6 【例 1-1】的运行结果

【例 1-2】 一般离散信号 $y(k)=2\times 0.8^{k}$ 的表示。

其 MATLAB 源程序为

```
c=2;
d=0.8;
k=-5:5;
y=c*d.^k;          % 注意 d 是数,而指数是数组,因此 d 前要加“.^”
stem(k,y);
```

运行结果如图 1.7 所示。

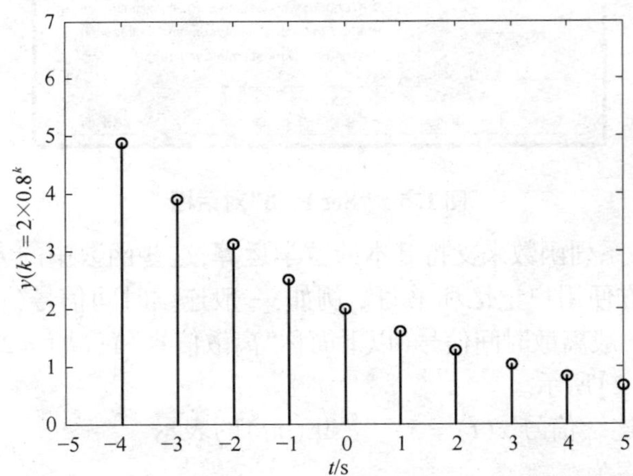

图 1.7 【例 1-2】的运行结果

在 MATLAB 命令窗口编辑器中提供了 save 和 load 两个指令，当完成程序的编写后，可以通过调用“save”指令把内存变量保存为“Filename. mat”文件；反之，可以通过调用“load”指令把“Filename. mat”文件中的变量装入内存。这两个指令的具体使用格式如表 1.1 所示。

表 1.1　save、load 指令的具体使用格式

指令名称	指令功能
save Filename	把全部内存变量保存为“Filename. mat”
save Filename v1 v2	把变量 v1 和 v2 保存为“Filename. mat”
save Filename v1 v2 –append	把变量 v1 和 v2 添加到“Filename. mat”中
save Filename v1 v2 –ascii	把变量 v1 和 v2 保存为 Filename 8 位 ASCII 文件
save Filename v1 v2 –ascii –double	把变量 v1 和 v2 保存为 Filename 16 位 ASCII 文件
load Filename	把“Filename. mat”文件中的所有变量装入内存
load Filename v1 v2	把“Filename. mat”文件中的变量 v1 和 v2 装入内存
load Filename v1 v2 –ascii	把 Filename ASCII 文件中的变量 v1 和 v2 装入内存

说明：Filename 文件名可以带路径，但不带扩展名，–ascii 选项使数据以 ASCII 格式处理，便于利用文字处理软件修改；没有此选项的数据是 2 进制格式，文件名带“. mat”后缀。

三、系统和程序控制指令

为了方便用户操作，MATLAB 中定义了一些快捷键。掌握一些常用的操作命令和快捷键，可以使 MATLAB 的操作更加便利。MATLAB 中的常用指令如表 1.2 所示。

表 1.2　MATLAB 中的常用指令

指令名称	指令功能	指令名称	指令功能
cd	显示或改变工作目录	clc	清除命令窗内容
clear	清除内存变量	clf	清除图形窗
copyfile	复制文件	delete	删除文件或图形对象
demo	运行演示程序	dir/ls	显示当前目录下的文件
help	帮助信息	path	控制搜索路径
disp	显示变量内容	echo	命令窗口回显控制
load	载入文件中的数据	movefile	移动文件
open	打开文件以供编辑	pack	整理内存碎片
pwd	显示当前工作路径	save	保存变量到文件
type	显示文件内容	who	显示当前内存中的变量
clock	时钟	cputime	MATLAB 占用 CPU 的时间
input	提示键盘输入	pause	运行中暂停，按任意键继续

在 MATLAB 中，标点有着重要的意义，可以用标点进行运算，或者用标点包含特定的意义。MATLAB 中的常用标点及功能如表 1.3 所示。

表 1.3 MATLAB 中的常用标点及功能

名称	标点的功能
空格	(为机器辨认)用于分隔输入量;用于分隔数组元素
逗号,	指令间分隔时,用于显示运行结果;用于分隔数组元素(等价于空格);用于分隔输入量
黑点.	小数点
分号;	用于指令间分隔时不显示运行结果;用于数组元素时,表示另一行元素
冒号:	用于生成一维数组;用于数组元素寻访时,表示那一维的全部
注释号%	由它开始至行末为注释,不被执行
单引号'	字符串标识符
圆括号( )	在数组援引时用;函数指令输入宗量列表时用
方括号[ ]	输入数组时用;函数指令输出宗量列表时用
花括号{ }	元胞数组标识符
下划符 -	增加程序的易读性,用于变量、函数或文件名中的连字符
续行号…	3 个连续的黑点,当程序行较长时使用,表示下续一行与本行是同一行指令
“At”@	放在函数名前形成函数句柄;放在目录名前形成用户对象类目录

说明:为保证程序正确执行,以上符号在输入时一定要处于半角英文状态,MATLAB 不能识别中文标点。

在日常语言中,人们通过使用条件短语来描述自己的判断。例如:如果我得到奖学金,那么我将奖励自己一个新手机。如果用应用控制指令实现,则可以表示为:if 我得到奖学金为真,那么我就可以买一个新手机。MATLAB 中的控制指令如表 1.4 所示。

表 1.4 MATLAB 的控制指令

指令名称	指令功能	指令名称	指令功能
break	终止最内层循环	case	同 switch 一起使用
catch	同 try 一起使用	continue	把控制转交外层 for 或 while 循环
else	同 if 一起使用	elseif	同 if 一起使用
end	结束 for、while、if 语句	for	按规定次数重复执行
if	条件执行	otherwise	可同 switch 一起使用
return	从子程序等返回	switch	多个条件分支
try	try - catch 结构	while	不确定次数重复执行语句

循环控制指令的实现示例如下:

```
for x = array
(commands)
end
while expression
    (commands)
end
```

在 MATLAB 中,当判断结果导致多个动作发生时,用户可以使用多分支结构来实现,if - else - end 分支结构的使用如表 1.5 所示。

表 1.5　if - else - end 分支结构

单分支	双分支	多分支
if expression (commands) end	if expression (commands1) else (commands2) end	if expression1 (commands1) elseif expression2 (commands2) ... else (commandsk) end
常用	常用	可以换作 switch - case 结构

示例程序如下:

```
switch  ex                    % ex 是一个标量或字符串
      case test1              % ex = test1 时执行 commands1,然后跳出循环
         (commands1)
      case test2              % ex = test2 时执行,以下同
         (commands2)
      ...
  case testk
         (commandsk)
      otherwise               % 这条语句可选,在 ex 不等于前面所有值时执行
         (commands)
end
  try
  (commands1)                 % 这组命令总被执行
catch
  (commands2)                 % 仅当上面命令组执行出现错误后才执行
end
for  k = 1:3000
  y(k) = sin(k);
end
```

第二节　实验部分

实验一　基本信号在 MATLAB 中的表示和运算

一、实验目的

(1)掌握用 MATLAB 表示常用连续信号的方法。

(2)掌握用 MATLAB 进行信号基本运算的方法。

二、实验原理

(一)信号的 MATLAB 表示

1. 连续信号的 MATLAB 表示

信号与系统分析中用到了几种典型的常用连续信号,包括指数信号、正弦信号、抽样信号、三角信号、虚指数信号、复指数信号、矩形脉冲信号和单位阶跃信号等。而 MATLAB 恰好提供了大量的生成基本信号的函数(如指数信号、正余弦信号)。因此,在实际应用中通常会将两者结合,用 MATLAB 软件工具来进行信号的表示和运算。

在 MATLAB 中,有两种表示连续信号的方法:一是数值法;二是符号法。数值法是先定义某一时间范围和取样时间间隔;然后调用该函数计算这些点的函数值,得到两组数值矢量;最后利用绘图语句画出该信号的波形。符号法是利用 MATLAB 的符号运算功能(需定义符号变量和符号函数)来表示该信号。运算结果是符号表达的解析式,也可用绘图语句画出其波形图。

【例 1-3】 指数信号的 MATLAB 表示。

指数信号在 MATLAB 中用 exp 函数表示,请用 MATLAB 表示信号 $f(t)=e^{-0.4t}$。

其调用格式为:ft = A * exp(a * t);MATLAB 源程序为

```
A =1; a = -0.4;
t =0:0.01:10;          % 定义时间点
ft =A * exp(a * t);    % 计算这些点的函数值
plot(t,ft);            % 画图命令,用直线段连接函数值来表示曲线
grid on;               % 在图上画方格
```

运行程序,得到的指数信号的波形如图 1.8 所示。

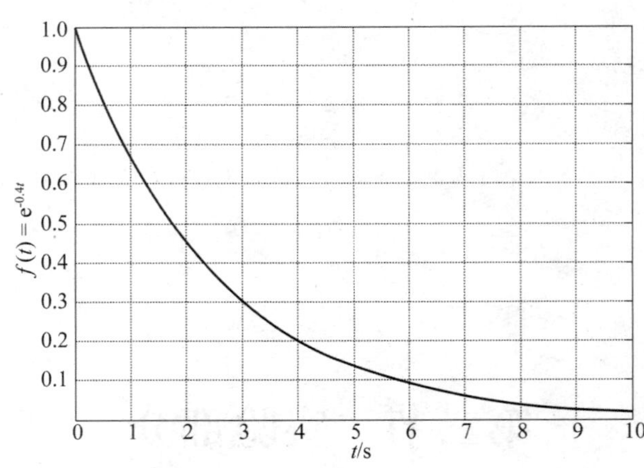

图 1.8 【例 1-3】指数信号的波形

【例 1-4】 正弦信号的 MATLAB 表示。

正弦信号在 MATLAB 中用 sin 函数表示,请用 MATLAB 表示信号 $f(t)=\sin\left(2\pi t+\frac{\pi}{6}\right)$。

其调用格式为 ft = A * sin(w * t + phi);MATLAB 源程序为

```
A=1; w=2*pi; phi=pi/6;
t=0:0.01:8;                      % 定义时间点
ft=A*sin(w*t+phi);               % 计算这些点的函数值
plot(t,ft);                      % 画图命令
grid on;                         % 在图上画方格
```

运行程序,得到的正弦信号的波形如图 1.9 所示。

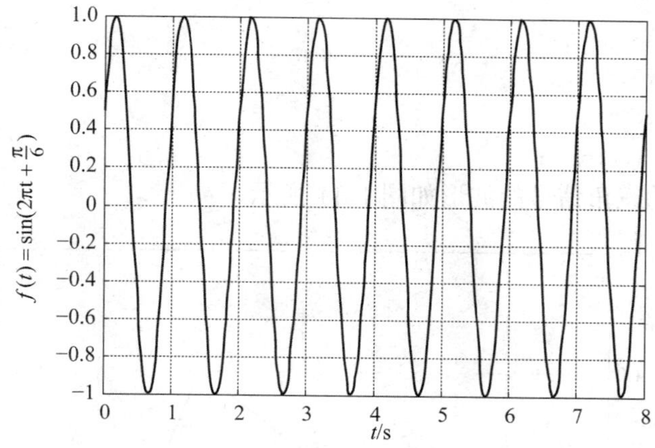

图 1.9　【例 1－4】正弦信号的波形

【例 1－5】　抽样信号的 MATLAB 表示。

抽样信号 $Sa(t)=\sin(t)/t$ 在 MATLAB 中用 sinc 函数表示,其定义为 $Sa(t)=\mathrm{sinc}(t/\pi)$;MATLAB 源程序为

```
t=-3*pi:pi/100:3*pi;
ft=sinc(t/pi);
plot(t,ft);
grid on;
axis([-10,10,-0.5,1.2]);         % 定义画图范围、横轴、纵轴
title('抽样信号')                 % 定义图的标题名字
```

运行程序,得到的抽样信号的波形如图 1.10 所示。

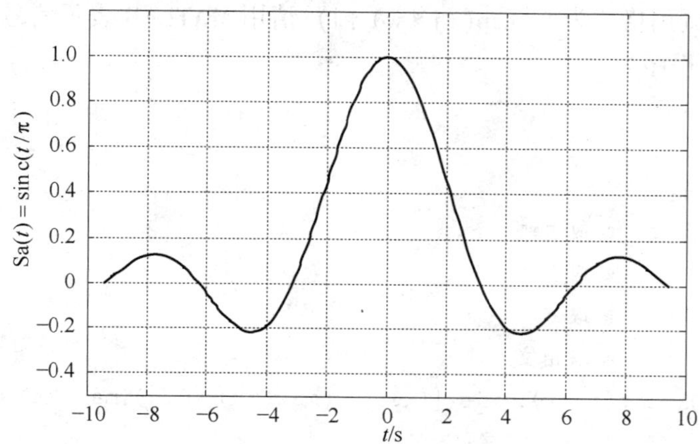

图 1.10　【例 1－5】抽样信号的波形

【例 1 -6】 三角信号的 MATLAB 表示。

三角信号在 MATLAB 中用 tripuls 函数表示。

其调用格式为 ft = tripuls(t,width,skew),用于产生幅度为 1,宽度为 width,且以 0 为中心,左、右各展开 width/2 大小,斜度为 skew 的三角波。width 的默认值是 1,skew 的取值范围是[-1, +1]。一般最大幅度 1 出现在 t = (width/2) * skew 的横坐标位置。

其 MATLAB 源程序为

```
t = -3:0.01:3;
ft = tripuls(t,4,0.5);
plot(t,ft);  grid on;
axis([ -3,3, -0.5,1.5]);
```

运行程序,得到的三角信号的波形如图 1.11 所示。

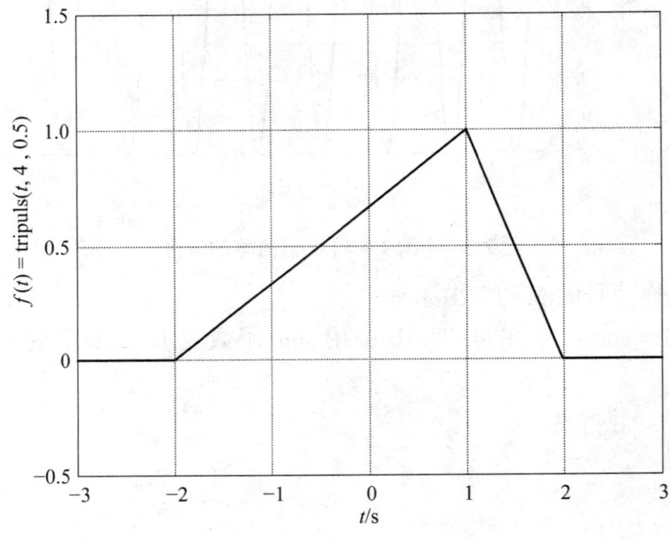

图 1.11 【例 1 -6】三角信号的波形

【例 1 -7】 虚指数信号的 MATLAB 表示。

虚指数信号的调用格式为 f = exp((j * w) * t),请用 MATLAB 表示信号 $f(t) = e^{j\frac{\pi}{4}t}$。

其 MATLAB 源程序为

```
t = 0:0.01:15;
w = pi/4;
X = exp(j * w * t);
Xr = real(X);          % 取实部
Xi = imag(X);          % 取虚部
Xa = abs(X);           % 取模
Xn = angle(X);         % 取相位
subplot(2,2,1),plot(t,Xr),axis([0,15, -(max(Xa) +0.5),max(Xa) +0.5]),
title('实部');
subplot(2,2,3),plot(t,Xi),axis([0,15, -(max(Xa) +0.5),max(Xa) +0.5]),
```

```
title('虚部');
subplot(2,2,2), plot(t,Xa),axis([0,15,0,max(Xa) +1]),title('模');
subplot(2,2,4),plot(t,Xn),axis([0,15,-(max(Xn) +1),max(Xn) +1]),title('相位');
 % subplot(m,n,i)命令是建立m行n列画图窗口,并指定画图位置i
```

运行程序,得到的虚指数信号的实部、虚部、模与相位的波形如图1.12所示。

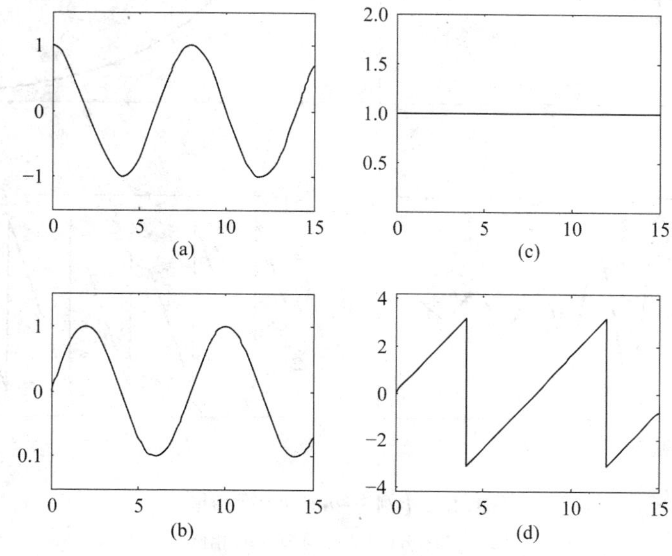

图1.12 【例1-7】的运行结果

(a)实部;(b)虚部;(c)模;(d)相位

【例1-8】 复指数信号的MATLAB表示。

复指数信号的调用格式为f = exp((a + j * b) * t),请用MATLAB表示信号$f(t) = e^{(-1+j10)t}$。

其MATLAB源程序为

```
t =0:0.01:3;
a = -1;b =10;
f =exp((a+j*b)*t);
subplot(2,2,1),plot(t,real(f)),title('实部')
subplot(2,2,3),plot(t,imag(f)),title('虚部')
subplot(2,2,2),plot(t,abs(f)),title('模')
subplot(2,2,4),plot(t,angle(f)),title('相角')
```

运行程序,得到的该信号的实部、虚部、模与相位的波形如图1.13所示。

【例1-9】 矩形脉冲信号可用rectpuls函数产生,请用MATLAB表示信号$f(t) = 2g_1(t)$。

其调用格式为y = rectpuls(t,width),产生幅度为1、宽度为width、以$t = 0$为对称中心的矩形脉冲信号。

其MATLAB源程序为

```
t = -2:0.01:2;
width =1;
ft =2 * rectpuls(t,width);
plot(t,ft);
grid on;
```

运行程序,得到的矩形脉冲信号的波形如图 1.14 所示。

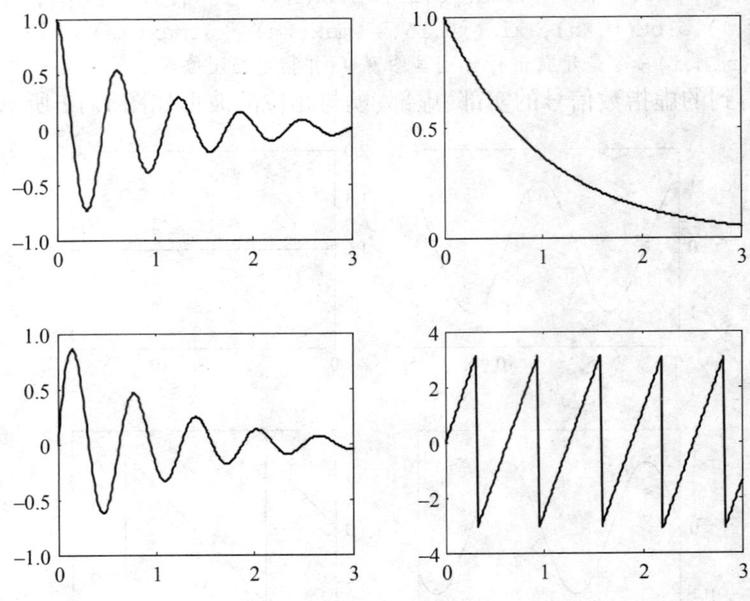

图 1.13 【例 1-8】的运行结果

(a)实部;(b)虚部;(c)模;(d)相位

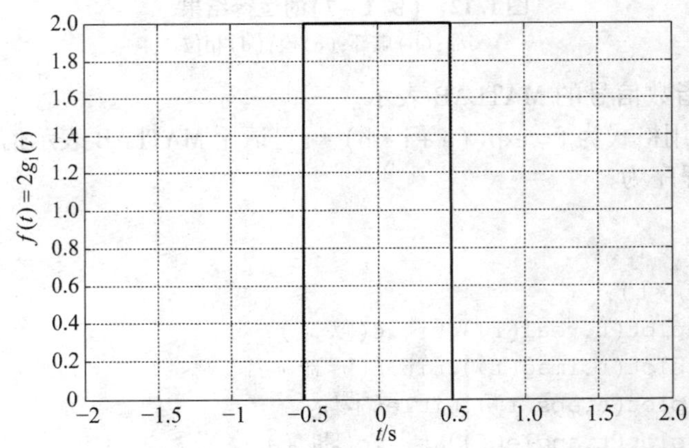

图 1.14 【例 1-9】矩形脉冲信号的波形

【例 1-10】 单位阶跃信号 $u(t)$ 用"$t>=0$"产生,其调用格式为 ft=(t>=0)。其 MATLAB 源程序为

```
t = -1:0.01:5;
ft =(t >=0);
plot(t,ft);
grid on;
axis([ -1,5, -0.5,1.5]);
```

运行程序,得到的单位阶跃信号的波形如图 1.15 所示。

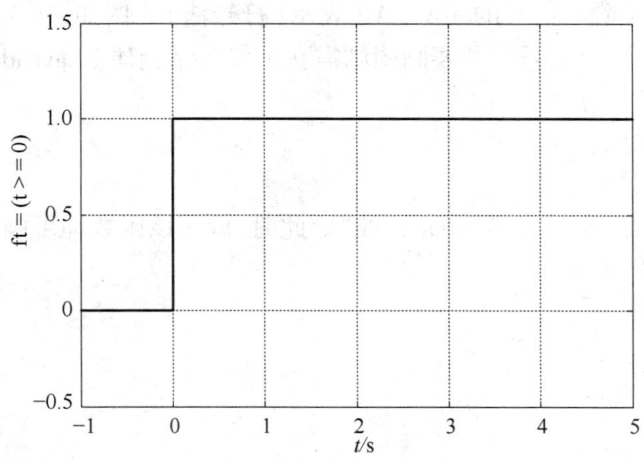

图 1.15　【例 1－10】单位阶跃信号的波形

【例 1－11】　正弦信号的 MATLAB 表示(符号法)。例如,请用 MATLAB 表示信号 $f(t)=\sin\left(\frac{\pi}{4}t\right)$。

其 MATLAB 源程序为

```
syms t;                    % 定义符号变量 t
y = sin(pi/4 * t);         % 符号函数表达式
ezplot(y,[ -16,16]);       % 符号函数画图命令
```

或者

```
f = sym('sin(pi/4 * t)'); % 定义符号函数表达式
ezplot(f,[ -16,16]);
```

运行程序,得到的正弦信号的波形如图 1.16 所示。

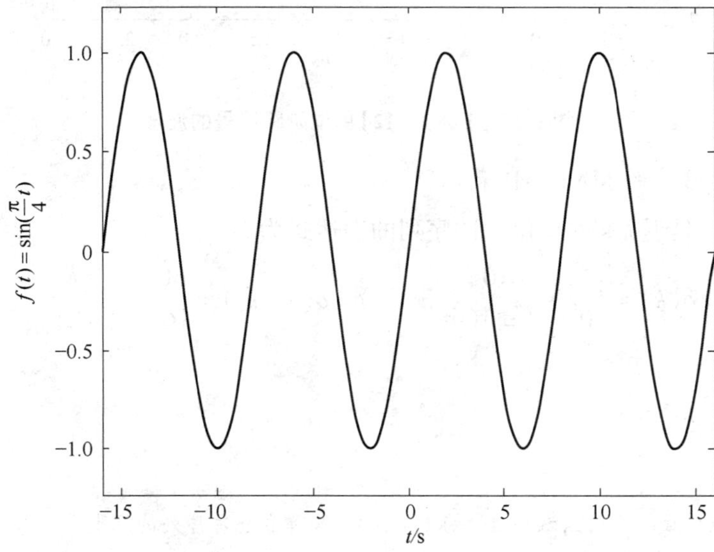

图 1.16　【例 1－11】正弦信号的波形

【例1-12】 单位阶跃信号的MATLAB表示(符号法)。例如,在MATLAB中,用符号数学函数Heaviside表示阶跃信号。若要画图则需在工作目录创建Heaviside的m文件。

其MATLAB源程序为

```
function f = Heaviside(t)
f = (t > 0);
```

将上述源程序保存,文件名是"Heaviside"。此时,调用该函数即可画图,如

```
t = -1:0.01:3;
f = Heaviside(t);
plot(t,f);
axis([ -1,3, -0.2,1.2]);
```

或者

```
y = sym('Heaviside(t)');
ezplot(y,[ -1,5]);
grid on;
```

运行程序,得到的单位阶跃信号的波形如图1.17所示。

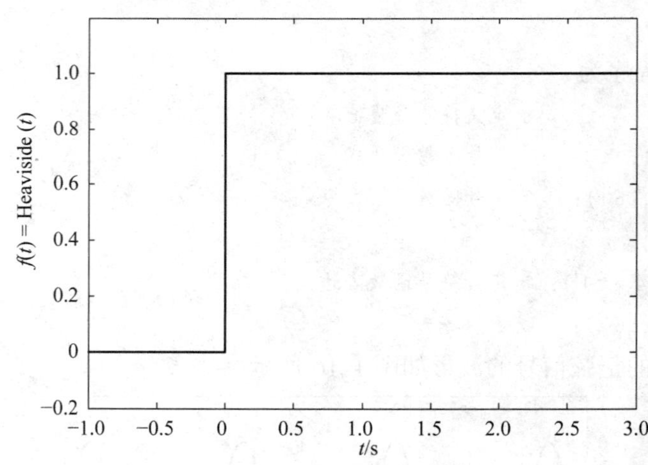

图1.17 【例1-12】单位阶跃信号的波形

2. 离散连续信号的MATLAB表示

【例1-13】 延迟 k s的单位脉冲序列的表达式为

$$\delta(k)=\begin{cases}1, & k=0\\0, & k=\text{其余}\end{cases},x_1(k)=\delta(k-k_s)=\begin{cases}1, & k=k_s\\0, & k=\text{其余}\end{cases}$$

```
% 单位脉冲序列的 m 文件
clear,k0 = 0;kf = 10;
ks = 3;
k1 = k0:kf;
x1 = [zeros(1,ks - k0),1,zeros(1,kf - ks)];% 单位脉冲序列的产生
stem(k1,x1,'.');
title('单位脉冲序列')% 绘图
```

运行程序,得到的单位脉冲序列的波形如图 1.18 所示。

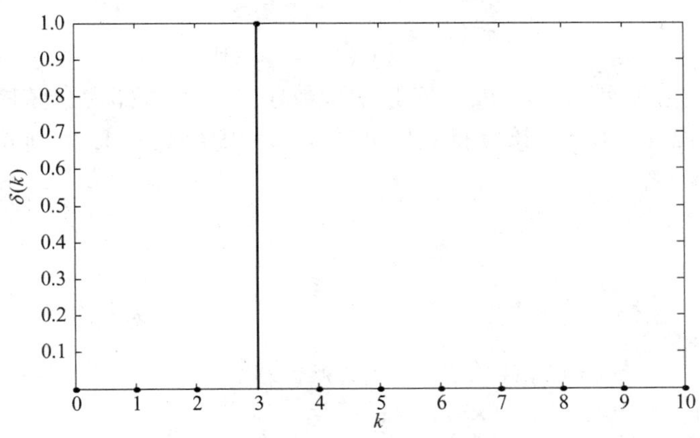

图 1.18　【例 1－13】单位脉冲序列的波形

【例 1－14】　延迟 k s 的单位阶跃序列的表达式为

$$\varepsilon(k)=\begin{cases}1, & k\geqslant 0\\0, & k<0\end{cases},x_2(k)=\varepsilon(k-k_s)=\begin{cases}1, & k\geqslant k_s\\0 & k<k_s\end{cases}$$

其 MATLAB 源程序为

```
% 本例取 ks =3;单位阶跃序列的 m 文件
clear;
k0 =0;
kf =10;
ks =3;
k2 =k0:kf;
x2 =[zeros(1,ks -k0),ones(1,kf -ks +1)]; % 单位阶跃序列的产生
stem(k2,x2,'.');
title('单位阶跃序列')     % 绘图
```

运行程序,得到的单位阶跃序列的波形如图 1.19 所示。

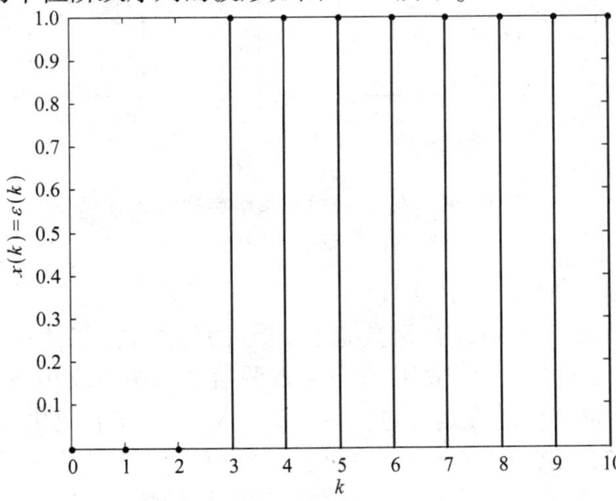

图 1.19　【例 1－14】单位阶跃序列的波形

【例 1-15】 复指数序列的表达式为

$$x_3(k)=\begin{cases}e^{\alpha+\omega k}, & k\geqslant 0\\ 0, & k<0\end{cases}$$

若 $\omega=0$,则它是实指数序列;若 $\alpha=0$,则它是虚指数序列。其实部为余弦序列,虚部为正弦序列。本例取 $\alpha=-0.2,\omega=0.5$。该复指数序列的实部和虚部如图 1.20 所示,其 m 文件为

```
% 复指数序列的 m 文件
clear,k0 =0;
kf =20;
ks =3;
k3 =k0:kf;
x3 =exp(( -0.2 +0.5j) * k3);% 复指数序列的产生
subplot(1,2,1),stem(k3,real(x3),'.');
line([0,10],[0,0])% 绘图
xlabel('实部')
subplot(1,2,2),stem(k3,imag(x3),'.');
line([0,10],[0,0])% 绘图
xlabel('虚部')
```

运行程序,得到的复指数序列的波形如图 1.20 所示。

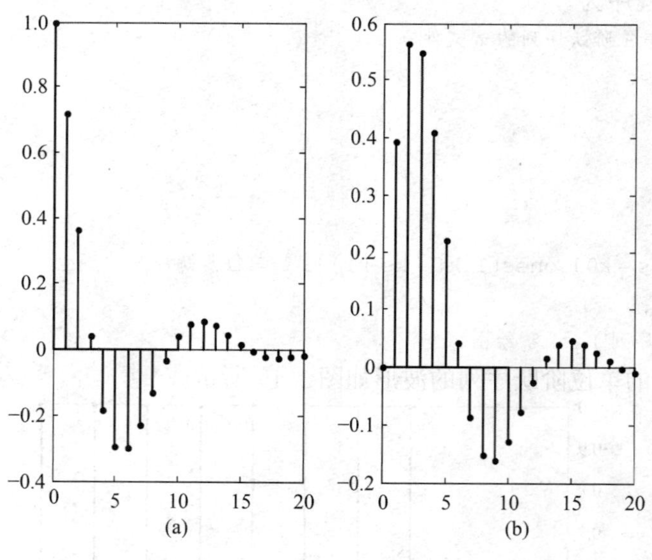

图 1.20 【例 1-15】复指数序列的波形

(a)实部;(b)虚部

(二)信号基本运算的 MATLAB 实现

在信号的传输与处理过程中往往需要进行信号的运算,它包括信号的移位(时移或延时)、反转、尺度变换(压缩与扩展)、微分、积分以及两信号的相加或相乘。某些物理器件可直接实现这些运算功能。需要熟悉在运算过程中表达式对应的波形变化,并初步了解这些运算的物理背景。基于 MATLAB,下面对信号的移位、反转、尺度变换、微分、积分以及两信号的相加或相乘等基本运算进行介绍,其实现方法有数值法和符号法。

1. 移位、反转与尺度变换

若$f(t)$表达式的自变量更换为$t+t_0$(t_0为正或负实数),则信号波形$f(t+t_0)$相当于$f(t)$波形在t轴上的整体移动。当$t_0>0$时波形左移;当$t_0<0$时波形右移。信号反转表示将$f(t)$的自变量t更换为$-t$,此时$f(-t)$的波形相当于将$f(t)$以$t=0$为轴反转过来,这种运算也称为时间轴反转。如果将信号$f(t)$的自变量t乘以正实系数a,则信号波形$f(at)$相当于$f(t)$波形的压缩($a>1$)或扩展($a<1$)。这种运算称为时间轴的尺度倍乘或尺度变换,也可简称"尺度"。

【例 1-16】 假设$f(t)$为三角信号,求$f(2t)$、$f(2-2t)$。

其 MATLAB 实现如下

```
t = -3:0.001:3;
ft =tripuls(t,4,0.5);
subplot(3,1,1);
plot(t,ft);  grid on;
title ('f(t)');
ft1 =tripuls(2*t,4,0.5);
subplot(3,1,2);
plot(t,ft1);  grid on;
title ('f(2t)');
ft2 =tripuls(2 -2*t,4,0.5);
subplot(3,1,3);
plot(t,ft2);  grid on;
title ('f(2 -2t)');
```

运行程序,得到的三角信号的波形如图 1.21 所示。

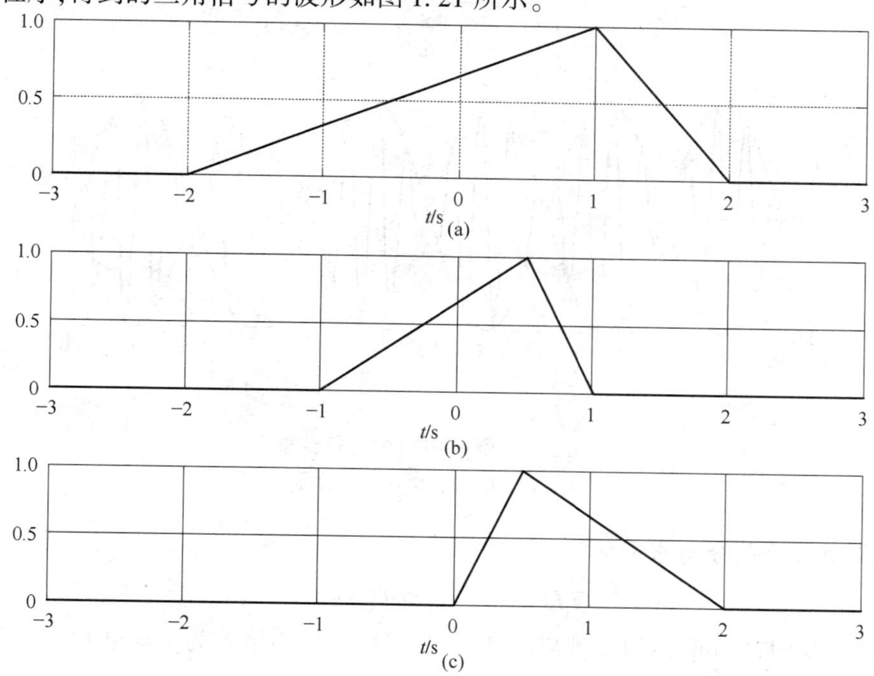

图 1.21 【例 1-16】三角信号的波形

(a)$f(t)$;(b)$f(2t)$;(c)$f(2-2t)$

【例 1-17】 已知 $f1(t)=\sin\omega t$、$f2(t)=\sin 8\omega t$、$\omega=2\pi$，求 $f1(t)+f2(t)$ 和 $f1(t)*f2(t)$ 的波形图。

其 MATLAB 实现如下：

```
w=2*pi;
t=0:0.01:3;
f1=sin(w*t);
f2=sin(8*w*t);
subplot(211)
plot(t,f1+1,':',t,f1-1,':',t,f1+f2)
grid on,title('f1(t)+f2(t))')
subplot(212)
plot(t,f1,':',t,-f1,':',t,f1.*f2)
grid on,title('f1(t)*f2(t)')
```

运行程序，得到信号的加法运算（即 $f1(t)+f2(t)$）和乘法运算（即 $f1(t)*f2(t)$）的波形如图 1.22 所示。

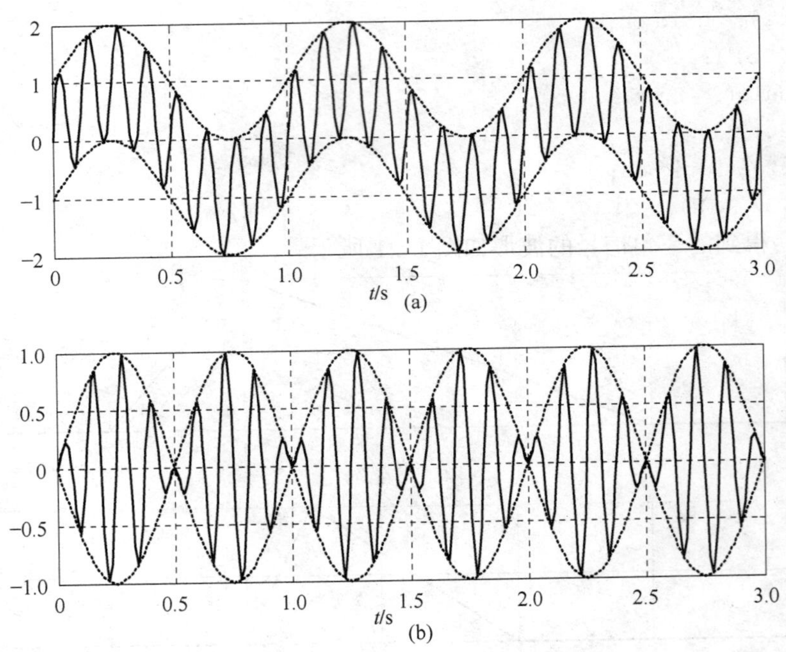

图 1.22 【例 1-17】的运行结果

(a) $f1(t)+f2(t)$；(b) $f1(t)*f2(t)$

2. 离散序列的差分与求和

$$\nabla f[k]=f[k]-f[k-1]$$

在 MATLAB 中，用 diff 函数实现离散序列的差分，其调用格式为 y = diff(f)。离散序列的求和运算 $\sum_{k_1}^{k_2} f(k)$ 与信号相加运算不同，离散序列的求和运算是把 k_1 和 k_2 之间的所有样本

$f(k)$加起来。这在 MATLAB 中用 sum 函数实现,其调用格式为 y = sum(f(k1:k2))。

【例 1-18】 用 MATLAB 计算指数信号$(-1.6)^k\varepsilon(k)$的能量。

解:离散信号的能量定义为

$$E = \lim_{N\to\infty}\sum_{k=-N}^{N}\left|f(k)\right|^2$$

其 MATLAB 实现如下

```
% program10.2 -3
k =0:10;A =1;a = -1.6;
fk =A * a.^k;
W =sum(abs(fk).^2)
```

运行结果为

```
W =1.9838e +004
```

3. 卷积(卷积和)与相关运算

用来计算离散卷积的函数如表 1.6 所示。

表 1.6　用来计算离散卷积的函数

函数名	说　明
f = conv(f1,f2)	f1 和 f2 为参与卷积运算的两个系列,f 为卷积的结果,长度为 length(f1) + length(f2) -1
[f,r]= deconv(f1,f2)	解卷运算,使 f1 = conv(f,f2) + r 成立

(1)离散卷积。计算离散信号卷积的公式为

$$f_1(k) * f_2(k) = \sum_{i=-\infty}^{+\infty} f_1(i)f_2(k-i)$$

【例 1-19】 用 MATLAB 计算离散信号的卷积。

其 MATLAB 实现如下:

```
% 计算离散信号的卷积
k1 =0:10;          % x1 的变量取值范围
x1 =sin(k1);       % 构建 x1 序列
k2 =0:15;          % x2 的变量取值范围
x2 =0.8.^k2;       % 构建 x2 序列
y =conv(x1,x2);   % 计算卷积结果
subplot(311);stem(k1,x1);title('x_1(k)');
subplot(312);stem(k2,x2);title('x_2(k)');
k =0:length(y) -1;
subplot(313);stem(k,y);title('y(k)');
```

运行程序,得到离散信号卷积的波形如图 1.23 所示。

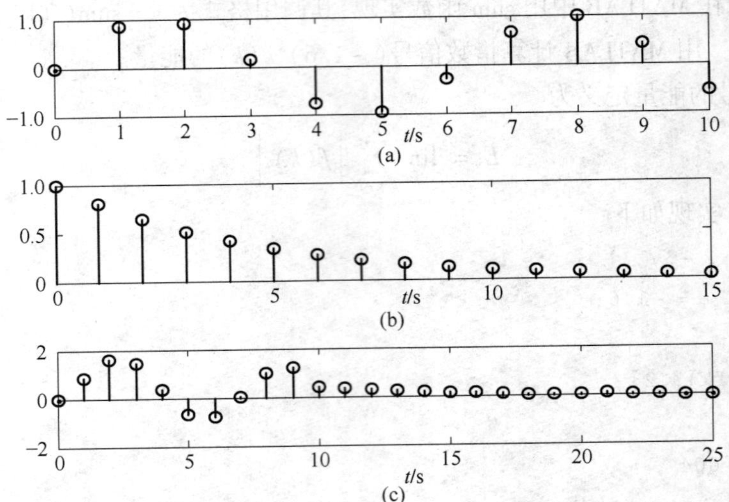

图 1.23 离散信号卷积的波形

(a) $x_1(k)$; (b) $x_2(k)$; (c) $y(k)$

(2)连续卷积。计算连续信号卷积的公式为

$$f(t) = f_1(t) * f_2(t) = \int_{-\infty}^{+\infty} f_1(\tau) f_2(t-\tau)\mathrm{d}\tau$$

$$f(t) = f_1(t) * f_2(t) = \int_{-\infty}^{+\infty} f_1(\tau) f_2(t-\tau)\mathrm{d}\tau = \lim_{\Delta \to 0} \sum_{n \to -\infty}^{+\infty} f_1(n\Delta) f_2(t-n\Delta)\Delta$$

$$f(k\Delta) \approx \sum_{n \to -\infty}^{+\infty} f_1(n\Delta) f_2(t-n\Delta)\Delta = \Delta \sum_{n \to -\infty}^{+\infty} f_1(n\Delta) f_2[(k-n)\Delta]$$

【例 1-20】 用 MATLAB 计算连续信号的卷积。

其 MATLAB 实现如下:

```
% 卷积的数值计算
dt = 0.01;
k1 = 0:dt:6;
f1 = exp( -k1);  % 生成信号 f1
k2 = k1;
f2 = k2. * exp( -k2);
f = dt * conv(f1,f2);
k0 = k1(1) + k2(1);
k3 = length(f1) + length(f2) -2;
k = k0:dt:k0 + k3 * dt;
subplot(221);
plot(k1,f1);title('f1(t)');xlabel('t');
subplot(222);
plot(k2,f2);title('f2(t)');xlabel('t');
subplot(223);
plot(k,f);
```

```
h = get(gca,'position');
h(3) = 2.5 * h(3);set(gca,'position',h);
title('f(t) = f1(t) * f2(t)');xlabel('t');
```

运行程序,得到连续信号卷积的波形如图 1.24 所示。

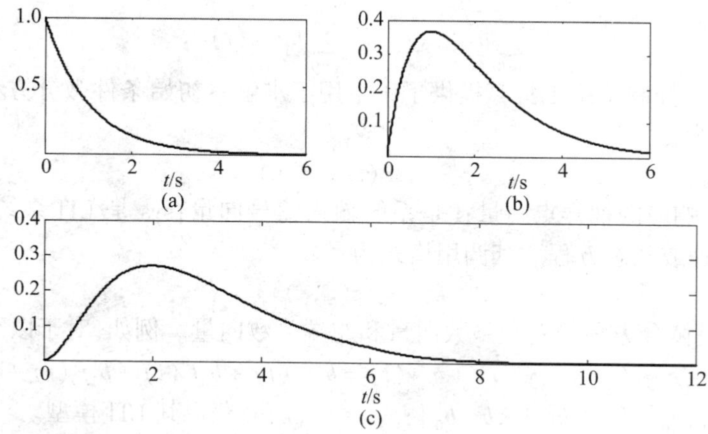

图 1.24 连续信号卷积的波形

(a)$f1(t)$;(b)$f2(t)$;(c)$f(t) = f1(t) * f2(t)$

三、实验任务

(1)画出信号波形:

①$f(t) = (2 - e^{-2t})u(t)$;

②$f(t) = (1 + \cos\pi t)[u(t) - u(t-2)]$。

(2)已知信号 $f(t) = (2 - e^{-2t})u(t)$,求 $f(2t)$ 和 $f(2-t)$ 的波形。

四、实验小结

信号是信号传输、信号变换和信号处理整个学科体系中研究的理论基础,本实验主要对信号的基本性能(信号的表示和信号的运算)举例进行了说明,以期从这两个维度直观深入地观察信号的表示、了解信号的特性、掌握信号的基本运算。通过对本节实验的学习,加深了学生对连续信号和离散信号的认识,包括掌握常用基本信号的表示方法以及具有的特性、掌握信号基本运算的先后顺序对信号变换的影响,使学生能够直观地感受不同的运算使信号产生的变化,为信号在系统中的传输、系统分析打下坚实的基础。

实验二 连续时间 LTI 系统的时域分析

一、实验目的

(1)掌握用 MATLAB 求解连续系统的零状态响应的方法。

(2)掌握用 MATLAB 求解冲激响应及阶跃响应的方法。

(3)掌握用 MATLAB 实现连续信号卷积的方法。

二、实验原理

(一)连续时间系统零状态响应的数值计算

我们知道,LTI 连续系统可用如下线性常系数微分方程描述,即

$$\sum_{i=0}^{N} a_i y^{(i)}(t) = \sum_{j=0}^{M} b_j f^{(j)}(t)$$

在 MATLAB 中,控制系统工具箱提供了一个用于求解零初始条件微分方程数值解的函数 lsim。其调用格式为

```
y = lsim(sys,f,t)
```

式中,t 是计算系统响应的抽样点向量;f 是系统输入信号向量;sys 是 LTI 系统模型,用来表示微分方程、差分方程或状态方程。其调用格式为

```
sys = tf(b,a)
```

式中,b 和 a 分别是微分方程的右端系数向量和左端系数向量。例如,对于以下方程

$$a_3 y'''(t) + a_2 y''(t) + a_1 y'(t) + a_0 y(t) = b_3 f'''(t) + b_2 f''(t) + b_1 f'(t) + b_0 f(t)$$

可用 $\boldsymbol{a} = [a_3, a_2, a_1, a_0]$;$\boldsymbol{b} = [b_3, b_2, b_1, b_0]$;`sys = tf(b,a)`获得其 LTI 模型。

注意,如果微分方程的左端或右端表达式中有缺项,则其向量 $\boldsymbol{a}$ 或 $\boldsymbol{b}$ 中的对应元素应为 0,不能省略不写,否则出错。

【例 1-21】 已知某 LTI 系统的微分方程为 $y''(t) + 2y'(t) + 100y(t) = f(t)$,其中,$y(0) = y'(0) = 0$,$f(t) = 10\sin(2\pi t)$,求系统的输出信号 $y(t)$。

解:显然,这是一个求系统零状态响应的问题。其 MATLAB 源程序为

```
ts = 0;te = 5;dt = 0.01;
sys = tf([1],[1,2,100]);
t = ts:dt:te;
f = 10 * sin(2 * pi * t);
y = lsim(sys,f,t);
plot(t,y);
xlabel('Time(sec)');
ylabel('y(t)');
```

运行程序,得到输出信号 $y(t)$ 的波形如图 1.25 所示。

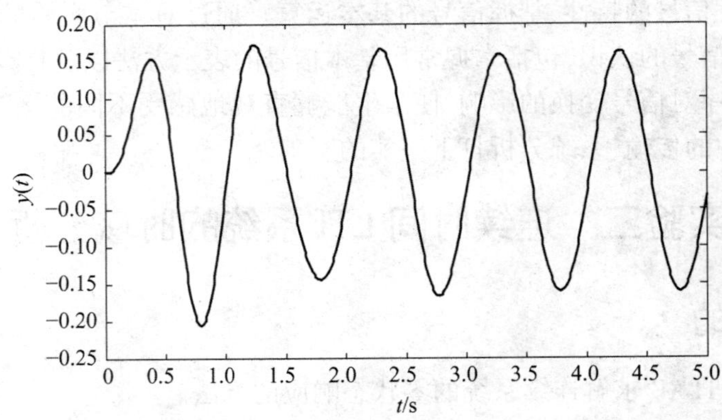

图 1.25 输出信号 $y(t)$ 的波形

(二)连续时间系统的冲激响应和阶跃响应的求解

在 MATLAB 中,对于连续 LTI 系统的冲激响应和阶跃响应,可分别通过控制系统工具箱提供的函数 impluse 和 step 求解。其调用格式为

```
y = impluse(sys,t)
y = step(sys,t)
```

式中,t 是计算系统响应的抽样点向量;sys 是 LTI 系统模型。

【例 1-22】 已知某 LTI 系统的微分方程为 $y''(t)+2y'(t)+100y(t)=10f(t)$,求系统阶跃响应的波形。

解:其 MATLAB 源程序为

```
ts = 0;te = 5;dt = 0.01;
sys = tf([10],[1,2,100]);
t = ts:dt:te;
h = impulse(sys,t);
figure;
plot(t,h);
xlabel('Time(sec)');
ylabel('h(t)');
g = step(sys,t);
figure;
plot(t,g);
xlabel('Time(sec)');
ylabel('g(t)');
```

运行程序,得到系统阶跃响应的波形如图 1.26 所示。

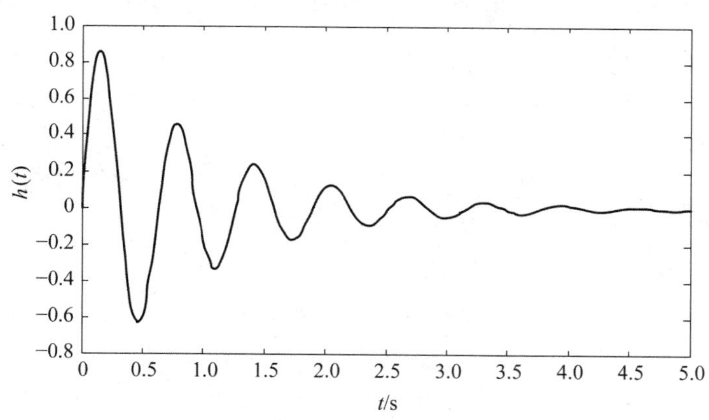

图 1.26　系统阶跃响应的波形

(三)用 MATLAB 实现连续时间信号的卷积

信号的卷积运算有符号算法和数值算法两种,此处采用数值算法,即调用 MATLAB 的 conv 函数近似计算信号的卷积积分。连续信号的卷积积分定义为

$$f(t) = f_1(t) * f_2(t) = \int_{-\infty}^{+\infty} f_1(\tau) f_2(t-\tau) \mathrm{d}\tau$$

如果对连续信号$f_1(t)$和$f_2(t)$按等时间间隔Δ均匀抽样，则$f_1(t)$和$f_2(t)$分别变为离散信号$f_1(m\Delta)$和$f_2(m\Delta)$。其中，m为整数。当Δ足够小时，$f_1(m\Delta)$和$f_2(m\Delta)$即连续信号$f_1(t)$和$f_2(t)$。因此，连续信号卷积积分可表示为

$$\begin{aligned} f(t) &= f_1(t) * f_2(t) = \int_{-\infty}^{+\infty} f_1(\tau) f_2(t-\tau) \mathrm{d}\tau \\ &= \lim_{\Delta \to 0} \sum_{m=-\infty}^{+\infty} f_1(m\Delta) \cdot f_2(t - m\Delta) \cdot \Delta \end{aligned}$$

采用数值计算时，只求当$t = n\Delta$时卷积积分$f(t)$的值$f(n\Delta)$。其中，n为整数，即

$$\begin{aligned} f(n\Delta) &= \sum_{m=-\infty}^{+\infty} f_1(m\Delta) \cdot f_2(n\Delta - m\Delta) \cdot \Delta \\ &= \Delta \sum_{m=-\infty}^{+\infty} f_1(m\Delta) \cdot f_2[(n-m)\Delta] \end{aligned}$$

式中，$\sum_{m=-\infty}^{+\infty} f_1(m\Delta) \cdot f_2[(n-m)\Delta]$实际就是离散序列$f_1(m\Delta)$和$f_2(m\Delta)$的卷积。当Δ足够小时，序列$f(n\Delta)$就是连续信号$f(t)$的数值近似，即

$$f(t) \approx f(n\Delta) = \Delta[f_1(n) * f_2(n)]$$

上式表明，连续信号$f_1(t)$和$f_2(t)$的卷积，可用各自抽样后的离散序列的卷积再乘以抽样间隔Δ求得。抽样间隔Δ越小，误差越小。

【例1-23】 用数值算法求$f_1(t) = u(t) - u(t-2)$与$f_2(t) = \mathrm{e}^{-3t}u(t)$的卷积积分。

解：因为$f_2(t) = \mathrm{e}^{-3t}u(t)$是一个持续时间无限长的信号，而计算机数值算法不可能计算真正的无限长信号，所以在进行$f_2(t)$的抽样离散化时，所取的时间范围让$f_2(t)$衰减到足够小就可以了，本例取$t = 2.5$。其MATLAB源程序为

```
dt =0.01; t = -1:dt:2.5;
f1 =Heaviside(t) -Heaviside(t -2);
f2 =exp( -3 *t). *Heaviside(t);
f =conv(f1,f2) *dt; n =length(f); tt =(0:n -1) *dt -2;
subplot(221), plot(t,f1), grid on;
axis([ -1,2.5, -0.2,1.2]); title('f1(t)'); xlabel('t')
subplot(222), plot(t,f2), grid on;
axis([ -1,2.5, -0.2,1.2]); title('f2(t)'); xlabel('t')
subplot(212), plot(tt,f), grid on;
title('f(t) =f1(t) *f2(t)'); xlabel('t')
```

运行程序，得到卷积积分的波形如图1.27所示。

由于$f_1(t)$和$f_2(t)$的时间范围都是从$t = -1$开始，所以卷积结果的时间范围从$t = -2$开始，增量还是取样间隔Δ，这就是语句`tt =(0:n-1) *dt -2`的由来。

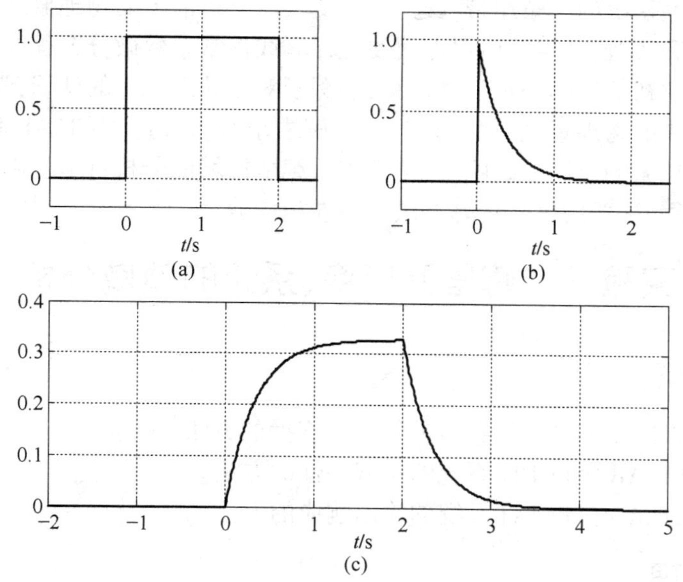

图 1.27　卷积积分的波形

(a)$f_1(t)$;(b)$f_2(t)$;(c)$f(t)=f_1(t)*f_2(t)$

三、上机实验内容

(1)验证实验原理中所述的相关程序。

(2)已知描述系统的微分方程和激励信号$f(t)$为

$$y''(t)+4y'(t)+4y(t)=f'(t)+3f(t),f(t)=\exp(-t)u(t)$$

试用解析法求系统的零状态响应$y(t)$,并用 MATLAB 绘出系统零状态响应的时域仿真波形,验证结果是否相同。

(3)已知描述系统的微分方程为

$$y''(t)+3y'(t)+2y(t)=f(t)$$

$$y''(t)+2y'(t)+2y(t)=f'(t)$$

试用 MATLAB 求系统 0 ~ 10 s 冲激响应和阶跃响应的数值解,并绘出系统冲激响应和阶跃响应的时域波形。

(4)画出信号卷积积分$f_1(t)*f_2(t)$的波形,$f_1(t)=f_2(t)=u(t)-u(t-1)$。

四、实验小结

本实验描述的连续系统的时域分析法包含两个方面的内容:一个是微分方程零状态响应的求解;另一个是系统单位冲激响应和阶跃响应的求解以及信号时域卷积积分的求解。本实验分别对这两个方面的内容进行了阐述,通过 MATLAB 仿真解决复杂的数学运算过程,并着重理解它们的物理意义。同时,建立了零状态响应这一贯穿全书的重要的概念,使线性系统分析在理论上更完善,为解决实际问题带来了方便。在实际的系统分析中,用卷积积分可以非常方便地得到系统的零状态响应。卷积积分的物理概念清晰明确、运算过程也较为方便,因此它成为系统分析的基本方法,是贯穿全文的分析系统的强有力的工具。同时,卷积积分也是时间域与变换域分析线性系统的一条纽带,它赋予了变换域分析清晰的物理概念。

通过上机实验和实践,学生可以更加简便地计算线性常系数微分方程的零状态响应,并跨越了由初始状态求解初始值的烦琐计算过程,加深了对零状态响应的认识,学生能够从系统的角度认识零状态响应的物理意义,而不是为了求解去求解。通过 MATLAB 仿真,学生也能够从系统的角度分析冲激响应和阶跃响应,从而为后续变换域的分析打下基础。此外,基于上面的分析,学生掌握了一种新的信号运算方法——卷积积分。

实验三　傅里叶变换、系统的频域分析

一、实验目的

(1)学会用 MATLAB 实现连续信号的傅里叶变换的方法。

(2)学会用 MATLAB 分析 LTI 系统的频域特性的方法。

(3)学会用 MATLAB 分析 LTI 系统的输出响应的方法。

二、实验原理

(一)傅里叶级数的 MATLAB 求解

周期信号的傅里叶级数展开式分为两种形式:三角形式和指数形式。两种形式以及各系数的表达式为

$$f(t) = \frac{a_0}{2} + \sum_{n=1}^{+\infty}(a_n\cos(n\Omega t) + b_n\sin(n\Omega t)) = \frac{a_0}{2} + \sum_{n=1}^{+\infty}A_n\cos(n\Omega t + \theta_n)$$

$$a_n = \frac{2}{T}\int_T f(t)\cos(n\Omega t)\mathrm{d}t \qquad b_n = \frac{2}{T}\int_T f(t)\sin(n\Omega t)\mathrm{d}t$$

$$A_n = \sqrt{a_n^2 + b_n^2}$$

$$\theta_n = \arctan\left(\frac{-b_n}{a_n}\right)$$

$$f(t) = \sum_{n=-\infty}^{+\infty}\dot{F}_n \mathrm{e}^{\mathrm{j}n\Omega t}$$

$$\dot{F}_n = \frac{1}{T}\int_T f(t)\mathrm{e}^{-\mathrm{j}n\Omega t}\mathrm{d}t$$

$$\dot{F}_n = \frac{1}{T}\int_T f(t)\mathrm{e}^{-\mathrm{j}n\Omega t}\mathrm{d}t \approx \frac{1}{T}\sum_{k=0}^{T/\Delta t}f(k\Delta t)\mathrm{e}^{-\mathrm{j}n\Omega k\Delta t}\Delta t$$

式中,系数 a_n、b_n 称为傅里叶系数。其中,a_n 是 n 的偶函数;b_n 是 n 的奇函数。系数 $\dot{F}_n$ 称为复傅里叶系数。

【例 1 – 24】 周期性信号的频谱分析,请用 MATLAB 实现 $g(t) = \mathrm{e}^{-\mathrm{j}\pi t}$ 的频谱。

其 MATLAB 源程序为

```
t = linspace(0,1,101);
n = 0:9;
gt = exp( - j * pi * n' * t);
Fn = 0.5 * trapz(gt,2) * t(2);
```

```
sig = abs(Fn) >0.00001;
Fn = Fn. * sig;
figure;
subplot(211);
stem(n,abs(Fn));
xlabel('n');ylabel('|Fn|');title('振幅谱');grid;
subplot(212);
stem(n,angle(Fn));
xlabel('n');ylabel('Theta');title('相位谱');grid;
```

运行程序,得到该周期信号的振幅谱和相位谱的波形如图 1.28 所示。

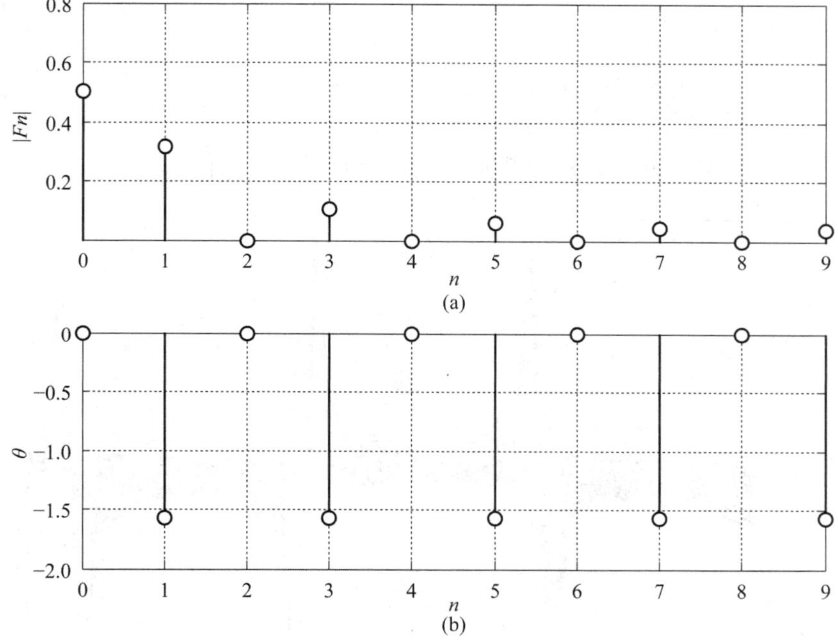

图 1.28　傅里叶级数谱图

(a) 振幅谱;(b) 相位谱

【例 1-25】　周期性方波信号的波形如图 1.29 所示,请用 MATLAB 对 $f(t)$ 的傅里叶级数展开式进行分析。

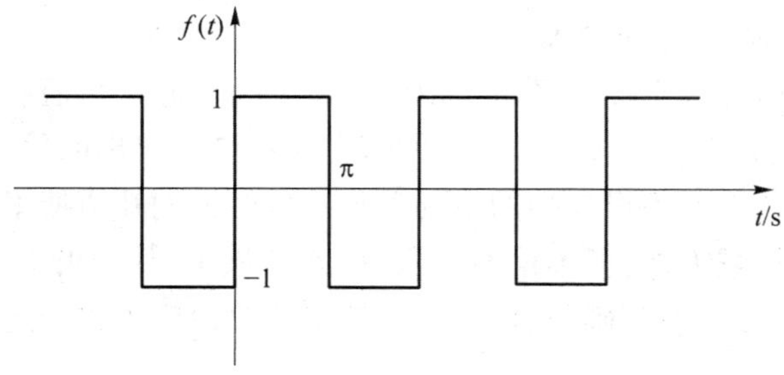

图 1.29　周期性方波信号的波形

$$f(t)=\frac{4}{\pi}\left[\sin t+\frac{1}{3}\sin 3t+\cdots+\frac{1}{2k-1}\sin(2k-1)t+\cdots\right],\quad k=1,2,\cdots$$

其 MATLAB 源程序为

```
% 方波分解为各次正选波的叠加
t =0:0.01:10;
y =0;
Maxk = input('叠加的奇次谐波个数 Maxk =');
for k =1:Maxk
y =y + (4/pi) * (1/(k * 2) -1) * sin(((k * 2) -1) * t);
r(k,:) =y;
end
figure(1);
plot(t,r);xlabel('t');ylabel('f(t)');
grid on;
```

运行程序,得到周期性方波信号的谐波合成波形如图 1.30 所示。

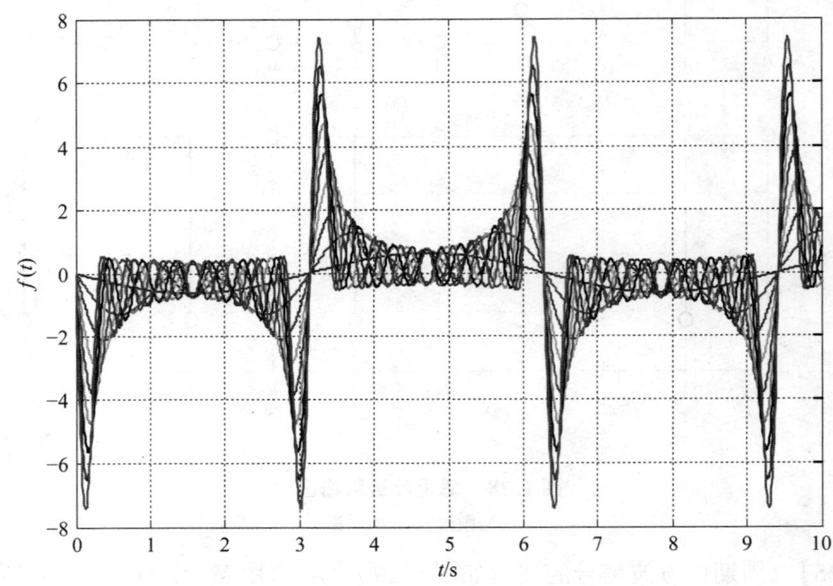

图 1.30 周期性方波信号的谐波合成波形

(二)傅里叶变换的 MATLAB 求解

傅里叶分析的研究与应用至今已经历了 100 余年。而在通信与控制系统的理论研究和实际应用之中,采用频域的分析方法较经典的时间域方法有许多突出的优点。如今,傅里叶分析已经成为信号分析与系统设计不可缺少的重要工具。虽然人们知道傅里叶分析不是信息科学与技术领域中唯一的变换域方法,但不得不承认,在此领域中,傅里叶分析始终有着极其广泛的应用,是研究其他变换方法的基础,而且计算机技术的普遍应用也为这一数学工具赋予了新的生命力。

MATLAB 的符号数学工具箱(Symbolic Math Toolbox) 提供了直接求解傅里叶变换及逆变

换的函数 fourier 及 ifourier，两者的调用格式如下。

1）傅里叶变换的调用格式

```
F = fourier(f)% 它是符号函数 f 的傅里叶变换，默认返回是关于 w 的函数
F = fourier(f,v)% 它的返回函数 F 是关于符号对象 v 的函数，而不是默认的 w，即
```

$$F(v) = \int_{-\infty}^{+\infty} f(x)\mathrm{e}^{-\mathrm{j}vx}\mathrm{d}x$$

2）傅里叶逆变换的调用格式

```
f = ifourier(F)% 它是符号函数 F 的傅里叶逆变换，默认的独立变量为 w，默认返回关于 x 的函数
f = ifourier(f,u)% 它的返回函数 f 是 u 的函数，而不是默认的 x
```

注意：在调用函数 fourier 及 ifourier 之前，要用“syms”命令对所用到的变量（如 t、u、v、w）进行说明，即将这些变量说明成符号变量。

下面针对几种典型的非周期信号分析其傅里叶变换。

【例 1－26】　求双边指数信号 $f(t) = \mathrm{e}^{-2|t|}$ 的傅里叶变换。

解：可用 MATLAB 解决上述问题。其 MATLAB 源程序为

```
syms t;
Fw = fourier(exp( -2 * abs(t)));
ezplot(abs(Fw),[ -24 * pi 24 * pi]);
```

运行程序，得到双边指数信号的傅里叶变换的波形如图 1.31 所示。

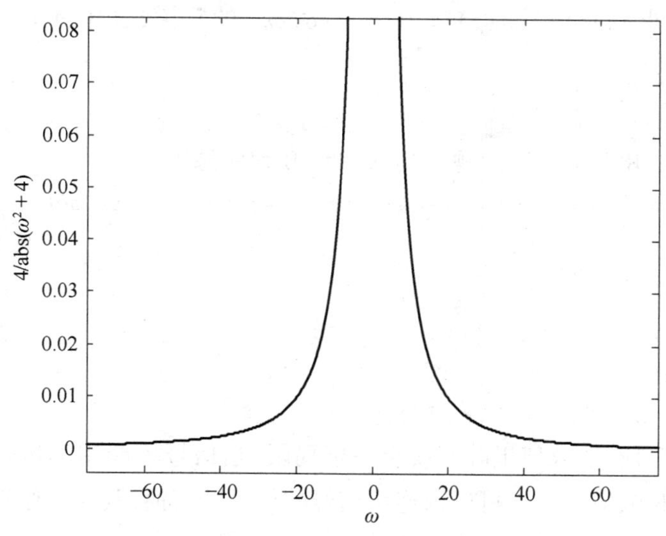

图 1.31　双边指数信号的傅里叶变换的波形

【例 1－27】　求 $F(\mathrm{j}\omega) = \dfrac{1}{1+\omega^2}$ 的逆变换 $f(t)$。

解：可用 MATLAB 解决上述问题。其 MATLAB 源程序为

```
syms tw;
ft = ifourier(1/(1 +w^2),t);
ezplot(ft, [ -2 2]);
```

运行程序，得到 $F(\mathrm{j}\omega)$ 傅里叶逆变换的波形如图 1.32 所示。

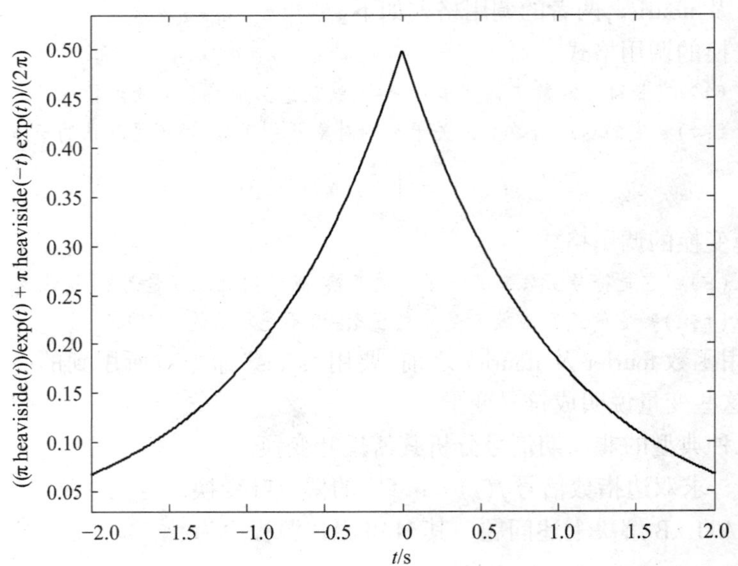

图 1.32　傅里叶逆变换的波形

(三)连续信号的频谱图

【例 1-28】　求调制信号 $f(t)=AG_{\tau}(t)\cos\omega_0 t$ 的频谱,其中 $A=4,\omega_0=12\pi,\tau=\dfrac{1}{2}$,$G_{\tau}(t)=u\left(t+\dfrac{\tau}{2}\right)-u\left(t-\dfrac{\tau}{2}\right)$。

解:可用 MATLAB 解决上述问题。其 MATLAB 程序源为

```
ft=sym('4*cos(2*pi*6*t)*(Heaviside(t+1/4)-Heaviside(t-1/4))');
Fw=simplify(fourier(ft));
subplot(121);
ezplot(ft,[-0.5 0.5]),grid on;
subplot(122);
ezplot(abs(Fw),[-24*pi 24*pi]),grid;
```

用 MATLAB 符号算法求傅里叶变换有一定局限,当信号不能用解析式表达时,会提示出错,这时用 MATLAB 数值算法也可以求连续信号的傅里叶变换,其计算原理是

$$F(j\omega)=\int_{-\infty}^{+\infty}f(t)\mathrm{e}^{-j\omega t}\mathrm{d}t=\lim_{\tau\to 0}\sum_{n=-\infty}^{+\infty}f(n\tau)\mathrm{e}^{-j\omega n\tau}\tau$$

当 τ 足够小时,近似计算可满足要求。若信号是时限的,或当时间大于某个给定值时,信号已衰减得很厉害,则可以近似地看成时限信号。此时,n 的取值就是有限的,设为 N,有

$$F(k)=\sum_{n=0}^{N-1}f(n\tau)\mathrm{e}^{-j\omega_k n\tau}\tau,\quad 0\leqslant k\leqslant N,\quad \omega_k=\frac{2\pi}{N\tau}$$

式中,k 是频率取样点;时间信号的取样间隔 τ 应小于奈奎斯特取样时间间隔。若不是带限信号,则可根据计算精度要求确定一个频率 ω_0 作为信号的带宽。

【例 1-29】　用数值算法求信号 $f(t)=u(t+1)-u(t-1)$ 的傅里叶变换。

解:信号频谱为 $F(\mathrm{j}\omega)=2\mathrm{Sa}(\omega)$,第 1 个过零点是 π,一般将此频率视为信号的带宽,若将精度提高到该值的 50 倍,即 $\omega_0=50\pi$,则可据此确定取样间隔 $\tau<\frac{1}{2F(0)}=0.02$。

解:可用 MATLAB 解决上述问题。其 MATLAB 源程序为

```
R=0.02;t=-2:R:2;
f=Heaviside(t+1)-Heaviside(t-1);
W1=2*pi*5;
N=500;k=0:N;W=k*W1/N;
F=f*exp(-j*t'*W)*R;
F=real(F);
W=[-fliplr(W),W(2:501)];
F=[fliplr(F),F(2:501)];
subplot(2,1,1);plot(t,f);
xlabel('t');ylabel('f(t)');
title('f(t)=u(t+1)-u(t-1)');
subplot(2,1,2);plot(W,F);
xlabel('w');ylabel('F(jw)');
title('f(t)的傅里叶变换F(jw)');
```

运行程序,得到矩形脉冲信号的傅里叶变换的波形如图 1.33 所示。

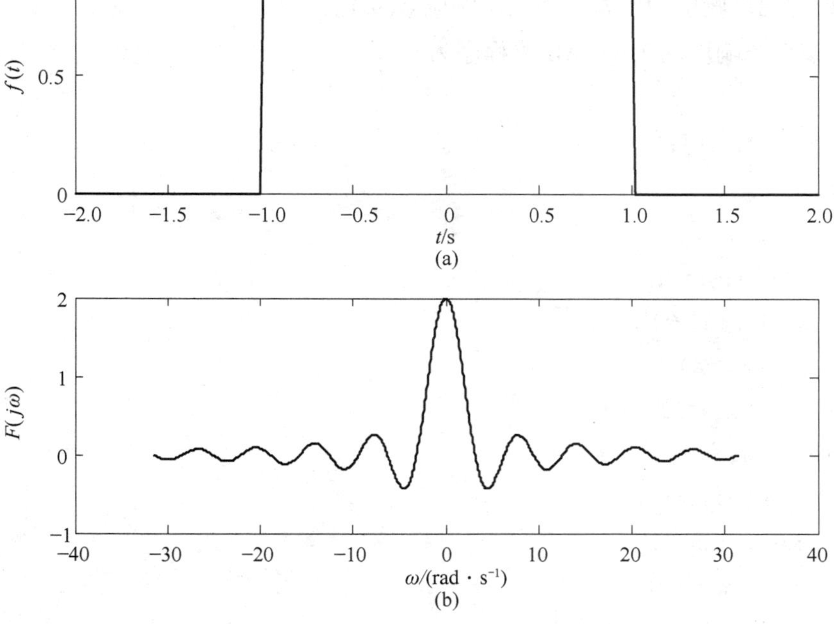

图 1.33　矩形脉冲信号的傅里叶变换的波形

(a)$f(t)=u(t+1)-u(t-1)$;(b)$f(t)$的傅里叶变换 $F(j\omega)$

(四)用 MATLAB 分析 LTI 系统的频率特性

当系统的频率响应 $H(\mathrm{j}\omega)$ 是 $\mathrm{j}\omega$ 的有理多项式时,有

$$H(\mathrm{j}\omega)=\frac{B(\omega)}{A(\omega)}=\frac{b_M(\mathrm{j}\omega)^M+b_{M-1}(\mathrm{j}\omega)^{M-1}+\cdots+b_1(\mathrm{j}\omega)+b_0}{a_N(\mathrm{j}\omega)^N+a_{N-1}(\mathrm{j}\omega)^{N-1}+\cdots+a_1(\mathrm{j}\omega)+a_0}$$

MATLAB 信号处理工具箱提供的 freqs 函数可直接计算系统的频率响应的数值解。其调用格式为

```
H = freqs(b,a,w)
```

式中,a 和 b 分别为 H 的分母多项式和分子多项式的系数向量;w 为形如 w1:p:w2 的向量。定义系统频率响应的频率范围:w1 为频率起始值;w2 为频率终止值;p 为频率取样间隔。H 为返回 w 所定义的频率点时,系统频率响应的样值。

例如,运行如下命令,计算 0 ~ 2π 频率范围内以间隔 0.5 s 取样的系统频率响应的样值:

```
a = [1  2  1];
b = [0  1];
H = freqs(b,a,0:0.5:2 * pi)
```

【例 1 -30】 三阶归一化的巴特沃斯低通滤波器的频率响应为

$$H(\mathrm{j}\omega)=\frac{1}{(\mathrm{j}\omega)^3+2(\mathrm{j}\omega)^2+2(\mathrm{j}\omega)+1}$$

试画出该系统的幅度响应 $|H(\mathrm{j}\omega)|$ 和相位响应 $\varphi(\omega)$。

解:计算该系统响应的 MATLAB 源程序为

```
w = 0:0.025:5;
b = [1];a = [1,2,2,1];
H = freqs(b,a,w);
subplot(2,1,1);
plot(w,abs(H));grid;
xlabel('\omega(rad/s)');
ylabel('|H(j \omega) |');
title('H(jw)的幅频特性');
subplot(2,1,2);
plot(w,angle (H));grid;
xlabel('\omega(rad/s)');
ylabel('\phi( \omega)');
title('H(jw)的相频特性');
```

运行程序,得到三阶归一化巴特沃斯低通滤波器的幅度响应和相位响应的波形如图 1.34 所示。

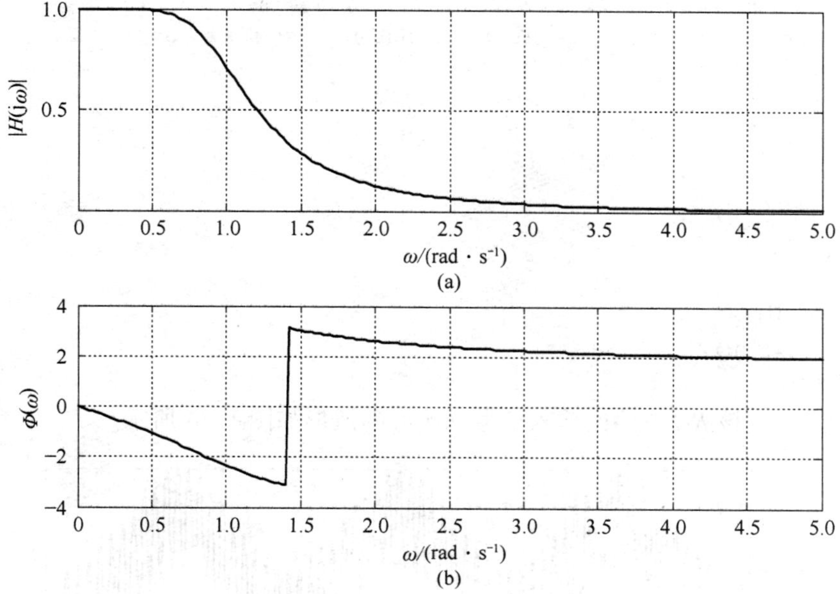

图 1.34　幅度响应和相位响应的波形

(a) $H(\mathrm{j}\omega)$ 的幅度响应；(b) $H(\mathrm{j}\omega)$ 的相位响应

(五)用 MATLAB 分析 LTI 系统的输出响应

【例 1-31】　如图 1.35 所示，已知一 RC 电路系统的输入电压为 $f(t)$，输出信号为电阻两端的电压 $y(t)$。当 $RC=0.04$，$f(t)=\cos 5t+\cos 100t$，$-\infty<t<+\infty$ 时，试求该系统的响应信号 $y(t)$。

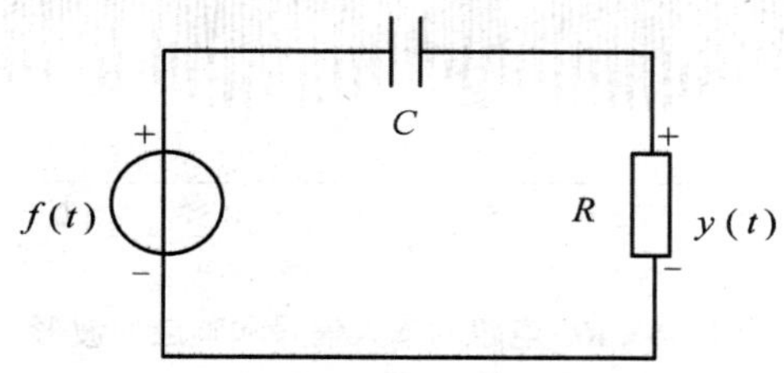

图 1.35　*RC* 电路

解：由图 1.35 可知，该电路为一个微分电路，其频率响应为

$$H(\mathrm{j}\omega)=\frac{R}{R+1/\mathrm{j}\omega C}=\frac{\mathrm{j}\omega}{\mathrm{j}\omega+1/RC}$$

由此可求出，余弦信号 $\cos\omega_0 t$ 通过 LTI 系统的响应为

$$y(t)=|H(\mathrm{j}\omega_0)|\cos(\omega_0 t+\varphi(\omega_0))$$

计算该系统响应的 MATLAB 源程序为

```
RC = 0.04;
t = linspace( -2,2,1024);
w1 = 5;w2 = 100;
H1 = j * w1 /(j * w1 + 1 /RC);
H2 = j * w2 /(j * w2 + 1 /RC);
```

```
f = cos(5 * t) + cos(100 * t);
y = abs(H1) * cos(w1 * t + angle(H1)) + abs(H2) * cos(w2 * t + angle(H2));
subplot(2,1,1);
plot(t,f);
title('输入信号');
ylabel('f(t)');
xlabel('Time(s)');
subplot(2,1,2);
plot(t,y);
ylabel('y(t)');
xlabel('Time(s)');
title('响应');
```

运行程序,得到该 *RC* 电路的输入信号和响应的波形如图 1.36 所示。

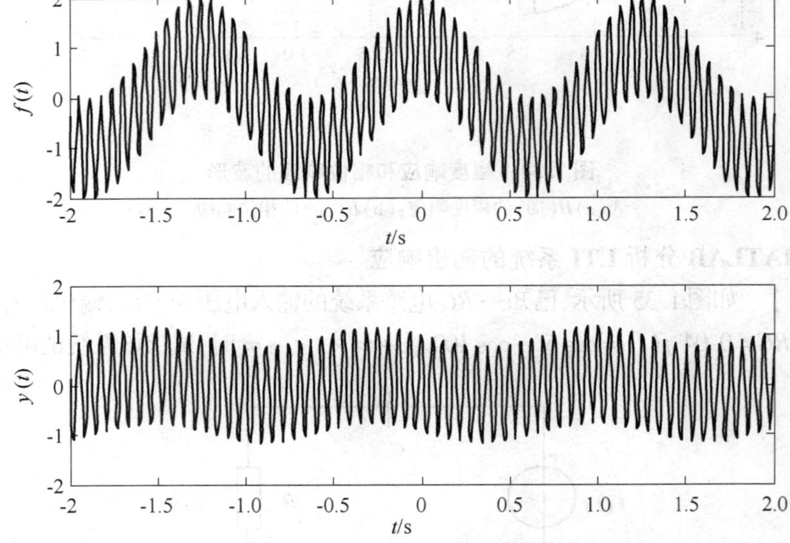

图 1.36 *RC* 电路的输入信号和响应的波形

(a)输入信号;(b)响应

三、上机实验内容

(1)验证实验原理中所述相关程序。

(2)试用 MATLAB 求单边指数信号 $f(t) = e^{-at}u(t)$ 的傅里叶变换,并画出其波形。

(3)设 $H(j\omega) = \dfrac{1}{0.08\,(j\omega)^2 + 0.4j\omega + 1}$,试用 MATLAB 画出该系统的幅度响应 $|H(j\omega)|$ 和相位响应 $\varphi(\omega)$,并分析该系统具有什么滤波特性。

四、实验小结

本实验描述的傅里叶变换是分析周期信号频谱和非周期信号频谱的基础和方法,傅里叶变换所得到的信号的频谱代表了信号中各频率分量的相对大小,反映了信号中各频率分量之间的幅度关系和相位关系。

通过上机实验和实践，学生可以直观地看到常用基本信号的频谱分布图，并对每个特殊信号的特性有一定了解，从而也能验证傅里叶变换满足的一般性质，便于学生记忆和实际应用。掌握常用信号的频谱分布的基本特性，为信号在实际通信和控制系统中传输提供基础的同时，也帮助学生从系统的角度分析整个系统的输出响应。

实验四　信号抽样与恢复

一、实验目的

学会用 MATLAB 实现连续信号的采样和恢复的方法。

二、实验原理

(一) 抽样定理

若$f(t)$是带限信号，带宽为ω_m，$f(t)$经采样后的频谱$F_s(\omega)$就是将$f(t)$的频谱$F(\omega)$在频率轴上以采样频率ω_s为间隔进行周期延拓。因此，当$\omega_s \geqslant 2\omega_m$时，不会发生频率混叠；而当$\omega_s < 2\omega_m$时，将发生频率混叠。

(二) 信号恢复

经采样后得到的信号$f_s(t)$经理想低通信号$h(t)$可得到重建信号$f(t)$，即

$$f(t) = f_s(t) * h(t)$$

式中，$f_s(t) = f(t)\sum_{-\infty}^{+\infty}\delta(t-nT_s) = \sum_{-\infty}^{+\infty}f(nT_s)\delta(t-nT_s)$

$$h(t) = T_s\frac{\omega_c}{\pi}\mathrm{Sa}(\omega_c t)$$

所以

$$f(t) = f_s(t) * h(t) = \sum_{-\infty}^{+\infty}f(nT_s)\delta(t-nT_s) * T_s\frac{\omega_c}{\pi}\mathrm{Sa}(\omega_c t)$$

$$= T_s\frac{\omega_c}{\pi}\sum_{-\infty}^{+\infty}f(nT_s)\mathrm{Sa}[\omega_c(t-nT_s)]$$

上式表明，连续信号可以展开成抽样函数的无穷级数。

利用 MATLAB 中的$\mathrm{sinc}(t)=\frac{\sin(\pi t)}{\pi t}$来表示上述表达式中的抽样函数$\mathrm{Sa}(t)$，有$\mathrm{Sa}(t)=\mathrm{sinc}\left(\frac{t}{\pi}\right)$，利用该式可以得到在 MATLAB 中连续信号由$f(nT_s)$重建$f(t)$的表达式为

$$f(t) = T_s\frac{\omega_c}{\pi}\sum_{-\infty}^{+\infty}f(nT_s)\mathrm{sinc}\left[\frac{\omega_c}{\pi}(t-nT_s)\right]$$

在此，选取信号$f(t)=\mathrm{Sa}(t)$作为被采样信号。当采样频率$\omega_s = 2\omega_m$时，称为临界采样。取理想低通滤波器的截止频率$\omega_c = \omega_m$，下面利用【例 1－32】所列程序来实现对信号$f(t)=\mathrm{Sa}(t)$的采样并由该采样信号恢复重建$\mathrm{Sa}(t)$。

【例 1－32】　$\mathrm{Sa}(t)$的临界采样及信号恢复。

其 MATLAB 源程序为

```
wm=1;                        % 信号带宽
wc=wm;                       % 滤波器截止频率
```

```
Ts = pi/wm;                          % 采样间隔
ws = 2 * pi/Ts;                      % 采样角频率
n = -100:100;                        % 时域采样点数
nTs = n * Ts                         % 时域采样点
f = sinc(nTs/pi);
Dt = 0.005;t = -15:Dt:15;
fa = f * Ts * wc/pi * sinc((wc/pi) * (ones(length(nTs),1) * t - nTs' * ones(1,length
(t))));  % 信号恢复
t1 = -15:0.5:15;
f1 = sinc(t1/pi);
subplot(211);
stem(t1,f1);
xlabel('kTs');
ylabel('f(kTs)');
title('sa(t) = sinc(t/pi)的临界采样信号');
subplot(212);
plot(t,fa)
xlabel('t');
ylabel('fa(t)');
title('由 sa(t) = sinc(t/pi)的临界采样信号恢复 sa(t)');
grid;
```

运行程序,得到抽样信号 Sa(t)的临界采样与信号恢复的波形如图 1.37 所示。

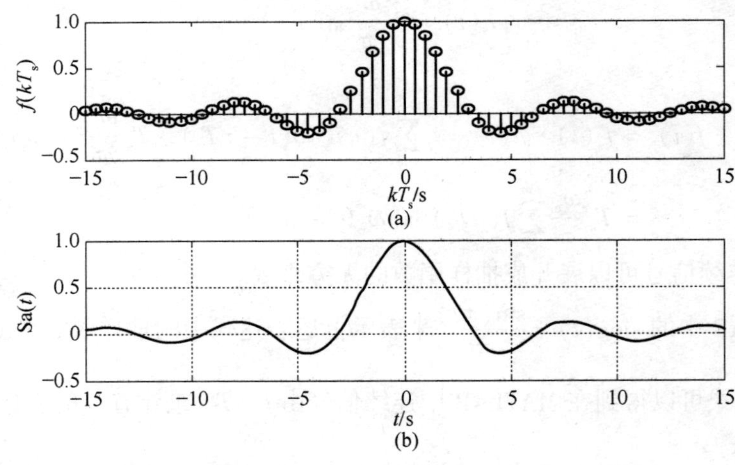

图 1.37 Sa(t)的临界采样与信号恢复的波形

(a)Sa(t) = sinc(t/π)的临界采样信号;(b)由 Sa(t) = sinc(t/π)的临界采样信号恢复 Sa(t)

【例 1-33】 Sa(t)的过采样及信号重构和绝对误差分析。

程序和【例 1-32】类似,只是需要将采样间隔改成 `Ts = 0.7 * pi/wm`,将理想低通滤波器截止频率改成 `wc = 1.1 * wm`,然后再添加一个误差函数,即

```
wm = 1;
wc = 1.1 * wm;
```

```
Ts = 0.7 * pi /wm;
ws = 2 * pi /Ts;
n = -100:100;
nTs = n * Ts
f = sinc(nTs /pi);
Dt = 0.005;t = -15:Dt:15;
fa = f * Ts * wc /pi * sinc((wc /pi) * (ones(length(nTs),1) * t - nTs' * ones(1,length(t))));
error = abs(fa - sinc(t /pi));   % 重构信号与原信号误差
t1 = -15:0.5:15;
f1 = sinc(t1 /pi);
subplot(311);
stem(t1,f1);
xlabel('kTs');
ylabel('f(kTs)');
title('sa(t) = sinc(t /pi)的采样信号');
subplot(312);
plot(t,fa)
xlabel('t');
ylabel('fa(t)');
title('由 sa(t) = sinc(t /pi)的过采样信号重构 sa(t)');
grid;
subplot(313);
plot(t,error);
xlabel('t');
ylabel('error(t)');
title('过采样信号与原信号的误差 error(t)');
```

运行程序,得到抽样信号 Sa(t)的过采样及信号恢复的波形如图 1.38 所示。

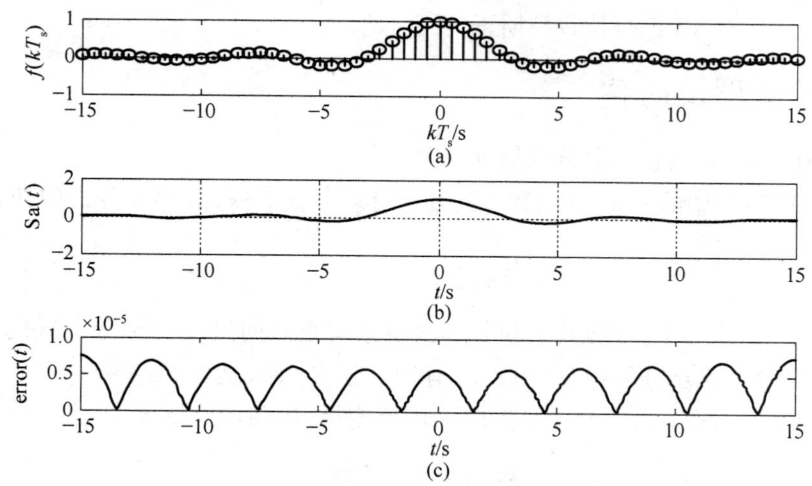

图 1.38　Sa(t)的过采样与信号恢复的波形

(a) Sa(t) = sinc(t/π)的采样信号;(b)由 Sa(t) = sinc(t/π)的过采样信号重构 Sa(t);
(c)过采样信号与原信号的误差 error(t)

三、上机实验内容

(1)验证实验原理中所述相关程序。

(2)设$f(t)=0.5\times(1+\cos t)\times(u(t+\pi)-u(t-\pi))$，由于不是严格的频带有限信号，但其频谱大部分集中在[0,2]，故带宽ω_m可根据一定的精度要求作一些近似。试根据以下两种情况用MATLAB实现由$f(t)$的抽样信号$f_s(t)$重建$f(t)$并求两者的误差，分析两种情况下的结果：

①$\omega_m=2,\omega_c=1.2\omega_m,T_s=1$。

②$\omega_m=2,\omega_c=2,T_s=2.5$。

四、实验小结

本实验描述的抽样定理在通信系统信息传输理论方面占有十分重要的地位，许多近代通信方式(如数字通信系统)都以此定理为理论基础。

通过上机实验和实践，学生可以直观地看到连续信号的抽样过程，理解抽样的物理意义。一个频谱受限的信号$f(t)$，如果其频谱范围为$[-\omega_m\sim+\omega_m]$，则信号$f(t)$可以用等间隔的抽样值唯一表示，但是其抽样间隔必须不大于$\frac{1}{2f_m}$，或者说，最低抽样频率为$2f_m$。

实验五　信号与系统复频域分析

一、实验目的

(1)学会用MATLAB进行部分分式展开；

(2)学会用MATLAB分析LTI系统的特性；

(3)学会用MATLAB进行拉普拉斯正、反变换。

二、实验原理及内容

(一)用MATLAB进行部分分式展开

可以用MATLAB中的residue函数得到复杂有理分式$F(s)$的部分分式展开式，其调用格式为

```
[r,p,k] = residue(num,den)
```

式中，num和den分别为$F(s)$的分子和分母多项式的系数向量；r为部分分式的系数；p为极点，k为$F(s)$中整式部分的系数，若$F(s)$为有理真分式，则k为零。

【例1-34】 用部分分式展开法求$F(s)$的反变换，已知：

$$F(s)=\frac{s+2}{s^3+4s^2+3s}$$

解：其MATLAB源程序为

```
format rat;
```

```
num=[1,2];
den=[1,4,3,0];
[r,p]=residue(num,den)
```

说明：程序中，format rat 会将结果数据以分数形式显示，故 $F(s)$ 可展开为

$$F(s)=\frac{\frac{2}{3}}{s}+\frac{-0.5}{s+1}+\frac{-\frac{1}{6}}{s+3}$$

从而可得，$F(s)$ 的反变换为

$$f(t)=\left[\frac{2}{3}-\frac{1}{2}e^{-t}-\frac{1}{6}e^{-3t}\right]u(t)$$

(二)用 MATLAB 分析 LTI 系统的特性

系统函数 $H(s)$ 通常是一个有理分式，其分子和分母均为多项式。可以应用 MATLAB 中的 roots 函数来计算 $H(s)$ 的零极点，并求出分子和分母多项式的根，然后用"plot"命令绘图。

在 MATLAB 中还有一种更简便的方法可以绘制系统函数 $H(s)$ 的零极点分布图，即用 pzmap 函数。其调用格式为

```
pzmap(sys)
```

式中，sys 表示 LTI 系统的模型，要借助 tf 函数获得。tf 函数的调用格式为

```
sys=tf(b,a)
```

式中，b 和 a 分别为系统函数 $H(s)$ 的分子和分母多项式的系数向量。

如果已知系统函数 $H(s)$，求系统的单位冲激响应 $h(t)$ 和频率响应 $H(j\omega)$，则可以用以前介绍过的 impulse 函数和 freqs 函数。

【例 1-35】　已知系统函数为 $H(s)=\dfrac{1}{s^3+2s^2+2s+1}$，试画出其零极点分布图，求系统的单位冲激响应 $h(t)$ 和频率响应 $H(j\omega)$，并判断系统是否稳定。

解： 其 MATLAB 源程序为

```
num=[1];
den=[1,2,2,1];
sys=tf(num,den);
figure(1);pzmap(sys);
t=0:0.02:10;
h=impulse(num,den,t);
figure(2);plot(t,h)
title('Impulse Response')
[H,w]=freqs(num,den);
figure(3);plot(w,abs(H))
xlabel('\omega')
title('Magnitude Response')
```

运行程序，得到系统函数的零极点分布（见图 1.39）、单位冲激响应（见图 1.40）、频率响应（见图 1.41）。

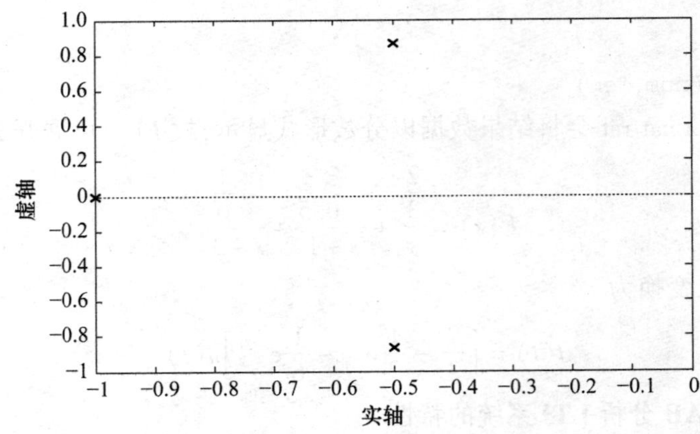

图 1.39　零极点分布

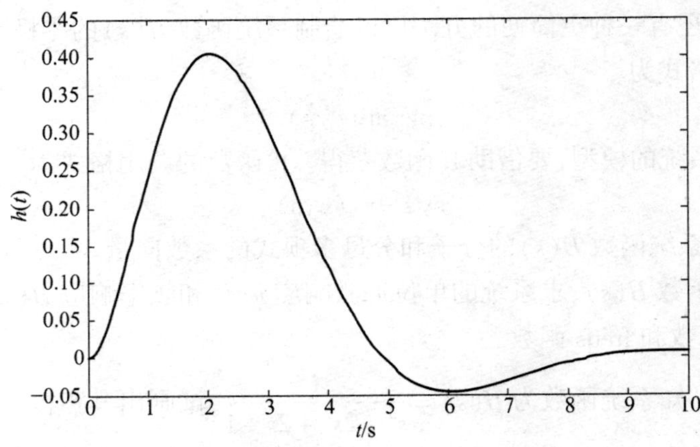

图 1.40　单位冲激响应

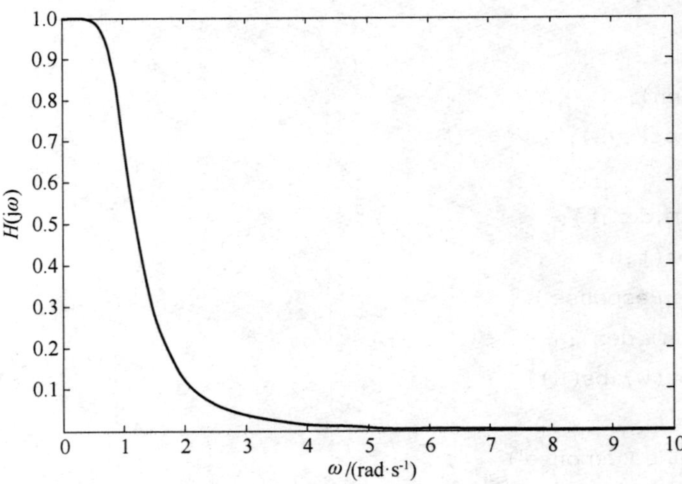

图 1.41　频率响应

(三)用 MATLAB 进行拉普拉斯正、反变换

MATLAB 的符号数学工具箱提供了计算拉普拉斯正、反变换的函数 laplace 和 ilaplace,其调用格式为

```
F = laplace(f)
f = ilaplace(F)
```

上述两式右端的 f 和 F 分别为时域表示式和 s 域表示式的符号表示,可以应用函数 sym 实现,其调用格式为

```
S = sym(A)
```

式中,A 为待分析表示式的字符串;S 为符号数字或变量。

【例 1 -36】 试分别用 laplace 函数和 ilaplace 函数求:

(1)$f(t) = e^{-t}\sin(at)u(t)$的拉普拉斯正变换;

(2)$F(s) = \dfrac{s^2}{s^2+1}$的拉普拉斯反变换。

解:(1)其 MATLAB 程序为

```
f = sym('exp( - t) * sin(a * t)');
F = laplace(f)
```

或

```
syms a t
F = laplace(exp( - t) * sin(a * t))
```

(2)其程序为

```
F = sym('s^2 /(s^2 +1)');
ft = ilaplace(F)
```

或

```
syms s
ft = ilaplace(s^2 /(s^2 +1))
```

三、上机实验内容

(1)验证实验原理中所述相关程序。

(2)求信号$f(t) = te^{-3t}u(t)$的拉普拉斯变换。

(3)求函数$F(s) = \dfrac{s^3+5s^2+9s+7}{s^2+3s+2}$的拉普拉斯反变换。

(4)已知连续系统的系统函数如下,试用 MATLAB 绘制系统的零极点图,并根据零极点图判断系统的稳定性:

$$H(s) = \frac{s^2+s+2}{3s^3+5s^2+4s-6}$$

四、实验小结

本实验讨论的拉普拉斯变换把时域中的两个函数的卷积运算转换为变换域中两个函数的

乘法运算，在此基础上建立了系统函数的概念，这一重要概念的应用为研究信号在线性系统传输中的问题提供了许多方便。利用系统函数的零点分布图和极点分布图可以简明、直观地表达系统性能的许多规律。系统的时域、频域特性集中地以其系统函数零、极点特征表现出来。从系统的观点看，对于输入－输出描述情况，往往不关心组成系统内部的结构和参数，只需从外部特性（如零点、极点特性）来考察和处理各种问题。

通过上机实验和实践，学生可以分解计算复杂的多项式，方便了拉普拉斯变换的求解；通过零点分布图、极点分布图可以直观地判断系统的稳定性，简化分析步骤和分析方法。

第二章

数字信号处理实验

第一节　TMS320C54X－IV DSP 实验箱简介

TMS320C54X－IV DSP 教学实验系统是综合的数字信号处理教学实验系统，采用模块化分离式结构，使用灵活，方便用户二次开发。其利用 CCS 进行实验与仿真。

一、教学实验系统的硬件组成

TMS320C54X－IV DSP 教学实验系统有丰富的硬件资源，可以完成多种 DSP 基础实验、算法实验、控制对象实验。它的主要硬件资源和系统框图如图 2.1 所示。

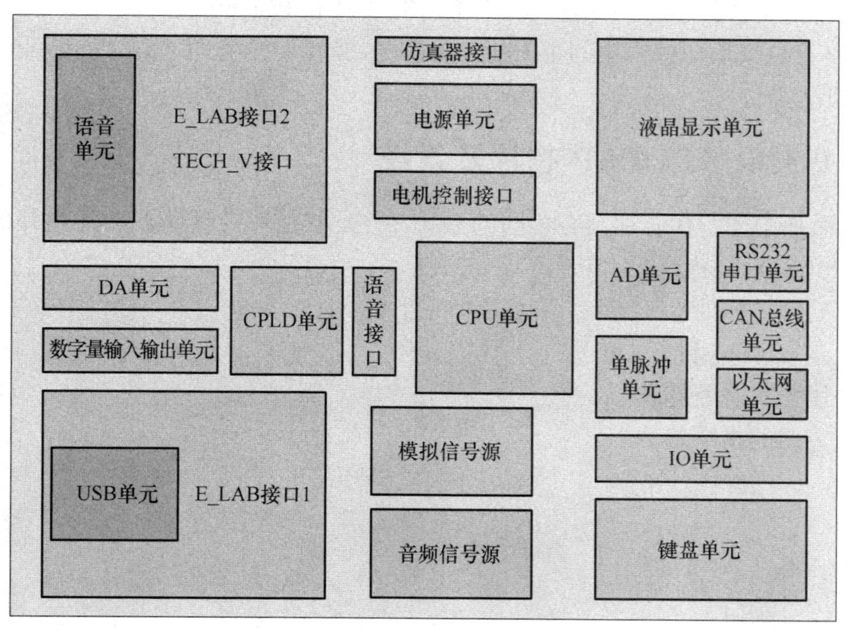

图 2.1　TMS320C54X－IV DSP 教学实验系统的主要硬件资源和系统框图

二、主要技术参数

TMS320C54X－IV DSP 教学实验系统的主要技术参数如下：

(1)数字实验系统。核心板采用 TI 公司 TMS320VC5409 DSP 芯片,芯片 RAM 全部为 DARAM。

(2) TMS320VC5409 DSP 芯片。其含有外扩 128KB RAM 和 1MB FLASH 存储器,其中 FLASH 既可以作为外部 RAM 使用,也可以作为 ROM 使用。

(3)并行模数转换(A/D)。其精度为 10 bit;信号输入范围为 0 ~ 5 V;信号耦合方式为直流/交流;最高转换速率为 1.25Msps。

(4)并行数模转换(D/A)。其精度为 12 bit;电压的输出范围为 0 ~ 5 V;建立时间为 1 μs。

(5)双通道音频 AD/DA 模块。该模块采用 AIC23 立体声音频 Codec 芯片,最高抽样率为 90k,利用 AIC23 可做音频的 AD/DA 实验。

(6) USB 模块。其用于完成计算机到 DSP 的高速数据传送。

(7)双路模拟信号产生模块。双路模拟信号产生模块可产生两路频率和幅度可调的正弦波、三角波和方波,并可进行混叠以方便实验使用。

(8)外部存储器模块。其大小为 128k ~ 256k × 16 bit SRAM;类型为 256k × 16 bit Flash。

(9)显示模块。该模块具有 128 × 64 图形点阵液晶屏、6 个发光数码管、6 个发光 2 极管。

(10)键盘输入模块。采用 4 × 4 键盘。

(11)发电机控制模块。发电机控制模块自带 1 个直流发电机和 1 个步进发电机。利用发电机控制模块,并通过主 CPU C2407 的 PWM 输出,可进行直流发电机的闭环控制实验。

(12) HPI 接口单元模块。该模块的主 CPU C2407 可以通过 DSP5416 的 HPI 接口读写 C54X 的片内存储器,完成并行数据交换,而不影响从机 DSP5416 的运行。

(13)网络接口模块。该模块的主 CPU C2407 扩展有带光隔的 CAN 网和 485 串口,可进行系统间的组网实验。

三、TMS320C54X DSP 芯片及系统

TMS320 系列中同一代芯片具有相同的 CPU 结构,但是片内存储器和片内外的配置是不同的。TMS320C54X DSP 具有以下优点:

(1)具有哈佛结构的 CPU,具有高度的并行性。

(2)包含定点、浮点和多 CPU。

(3)主要用于实时处理。

(4)具有灵活的指令集。

(5)高速。

(6)并行。

(7)性价比高。

(8) 编程语言为 C。

TMS320C54X DSP 芯片的总体结构如图 2.2 所示。

从图 2.2 可以看出,TMS320C54X DSP 芯片具有计算、存储和通信的功能。这恰好与数字思想吻合。只要对数字比特进行运算、存储及传输就能完成任何复杂的功能,这就是数字化的思想。在此,CPU 充当计算功能,片内存储起数据缓存作用,片内外围电路则是传输通道。除上述结构特征外,TMS320C54X DSP 芯片还具有适于数字信号处理的特点。

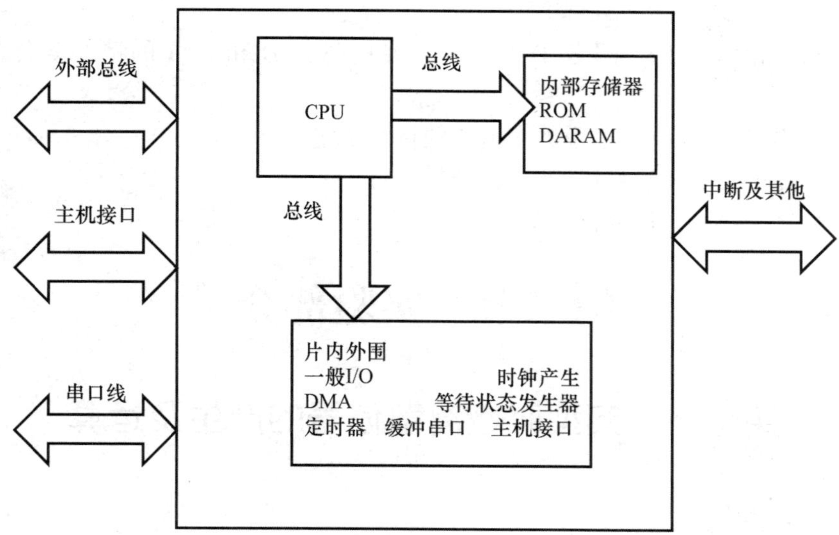

图 2.2　TMS320C54X DSP 芯片的总体结构

(1)改进的哈佛结构。

早期的冯·诺依曼结构的特点是程序和数据共用一个存储空间,统一编址,依靠计数器提供的地址进行区分,数据和程序进行分时读写,故执行速度慢。而哈佛结构的特点是程序和数据具有独立的存储空间,有各自的独立总线。由于可同时对数据和程序进行寻址,它大大地提高了数据处理能力。改进的哈佛结构是在数据总线和程序总线之间建立交叉连接。这样允许数据存放在程序存储器内,另外指令可存储在 CACHE 中。

(2)流水线操作。

一个指令可以分为取指令、译码、取操作数、执行。如果有多条这样的流水同时进行,则会大大缩短指令执行时间。

(3)采用硬件乘法器。

(4)一套专门为数字信号处理而设计的指令系统。

(5)快速的指令周期。

(6)良好的多机并行运行特性,提供了并行运行的通信接口。

一个相对完备的 TMS320 系列的 DSP 系统框图如图 2.3 所示。

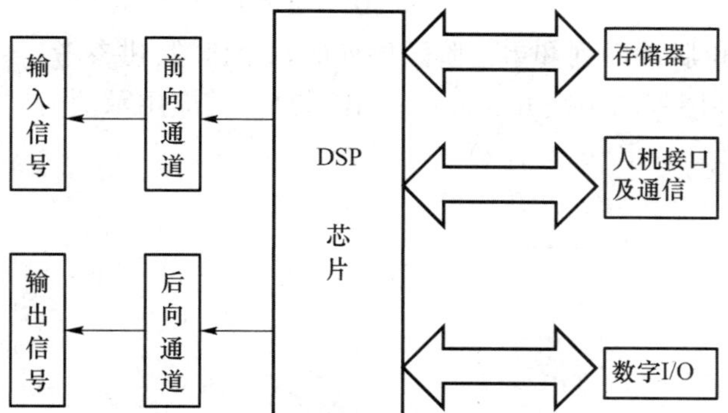

图 2.3　TMS320 系列的 DSP 系统框图

TMS320 系列的 DSP 系统具有如下特点：

(1)精度高。相比 R/L/C 网络,DSP 系统只要提高 A/D 和 D/A 的精度就会有效提高整体精度。

(2)可靠性强,集成度高。这由数字电路的特点决定。

(3)接口方便。对于系统集成,接口设计是关键。

(4)灵活性高,可编程,保密性好。

第二节　实验部分

实验一　典型时域离散信号的产生及运算

一、实验目的

(1)熟练掌握常用的时域离散信号及其特点,学会运用 MATLAB 表示常用离散信号。

(2)学会运用 MATLAB 实现离散信号的基本运算。

二、实验原理与计算方法

(一)时域离散信号的产生

时域离散信号是指在离散时刻才有定义的信号,简称"离散序列"。离散序列通常用$x(n)$来表示,自变量必须是整数。类似于连续信号,时域离散信号也有一些典型的离散信号。

1. 单位脉冲序列

单位脉冲序列 $\delta(n)$,也称为单位冲激序列。其定义为

$$\delta(n)=\begin{cases}1, & n=0\\0, & n\neq 0\end{cases}$$

2. 单位阶跃序列

单位阶跃序列 $u(n)$的定义为

$$u(n)=\begin{cases}1, & n\geqslant 0\\0, & n<0\end{cases}$$

下面给出产生单位脉冲序列和单位阶跃序列的两个函数,供参考。

(1)产生单位脉冲序列的函数 impseq(n0,n1,n2)。其应用示例为

```
function [n,x]= impseq(n0,n1,n2)
% Generates x(n)= delta(n - n0); n1 <= n,n0 <= n2
% -------------------------------------
% [x,n]= impseq(n0,n1,n2)
% -------------------------------------
if ((n0 < n1) | (n0 > n2) | (n1 > n2))
    error('arguments must satisfy n1 <= n0 <= n2')
end
```

```
n=[n1:n2];
% x=[zeros(1,(n0-n1)), 1, zeros(1,(n2-n0))];
x=[(n-n0)==0];
```

该函数产生一个抽样位置在n0,序列范围为n1~n2的单位抽样序列。

(2)产生单位阶跃序列的函数stepseq(n0,n1,n2)。其应用示例为

```
function [n,x]=stepseq(n0,n1,n2)
% Generates x(n)=u(n-n0); n1<=n,n0<=n2
% [x,n]=stepseq(n0,n1,n2)
if ((n0<n1) |(n0>n2) |(n1>n2))
    error('arguments must satisfy n1<=n0<=n2')
end
n=[n1:n2];
% x=[zeros(1,(n0-n1)), ones(1,(n2-n0+1))];
x=[(n-n0)>=0];
```

该函数产生一个起始位置在n0,序列范围为n1~n2的单位阶跃序列。

注意:由function产生的函数文件不能直接运行,只能放在当前路径下的文件夹里供其他m文件调用。

3. 矩形序列

矩形序列$R_N(n)$的定义为

$$R_N(n)=\begin{cases}1, & 0\leqslant n\leqslant N-1\\ 0, & n<0,n\geqslant N\end{cases}$$

矩形序列有一个重要的参数,那就是序列宽度N。$R_N(n)$与$u(n)$之间的关系为

$$R_N(n)=u(n)-u(n-N)$$

4. 单边指数序列

单边指数序列的定义为

$$x(n)=a^n u(n)$$

5. 正弦序列

正弦序列的定义为

$$x(n)=\sin(n\omega_0+\varphi)$$

式中,ω_0为正弦序列的数字域频率,φ为初相。与连续的正弦信号不同,正弦序列自变量n必须为整数。可以证明,只有当$\frac{2\pi}{\omega_0}$为有理数时,正弦序列才具有周期性。

【例2-1】 试用MATLAB命令绘制正弦序列$x(n)=\sin\left(\frac{n\pi}{6}\right)$的波形图。

解:其MATLAB源程序为

```
>>n=0:39;
>>x=sin(pi/6*n);
>>stem(n,x,'fill'),xlabel('n'),grid on
>>title('正弦序列')
```

```
>>axis([0,40,-1.5,1.5]);
```

程序运行结果如图 2.4 所示。

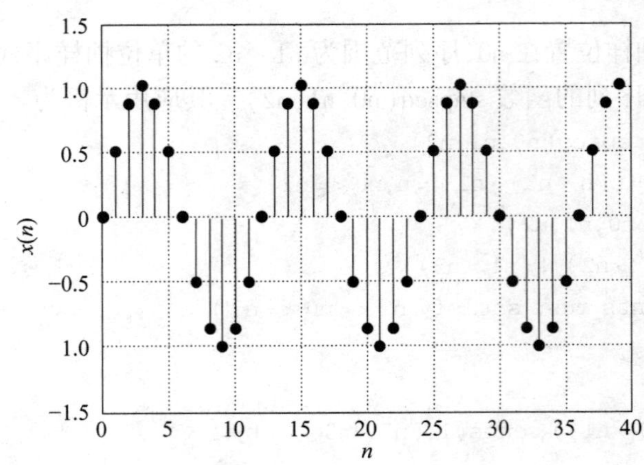

图 2.4 正弦序列 $x(n)=\sin\left(\frac{n\pi}{6}\right)$ 的波形

6. 复指数序列

复指数序列的定义为

$$x(n)=e^{(a+j\omega_0)n}=e^{an}e^{j\omega_0 n}=e^{an}[\cos(n\omega_0)+j\sin(n\omega_0)]$$

与连续复指数信号一样，现将复指数序列实部和虚部的波形分开讨论，得出如下结论：

(1) 当 $a>0$ 时，复指数序列 $x(n)$ 的实部和虚部均为按指数规律增长的正弦振荡序列。

(2) 当 $a<0$ 时，复指数序列 $x(n)$ 的实部和虚部均为按指数规律衰减的正弦振荡序列。

(3) 当 $a=0$ 时，复指数序列 $x(n)$ 即虚指数序列，其实部和虚部均为等幅的正弦振荡序列。

【例 2-2】 用 MATLAB 命令画出复指数序列 $x(n)=2e^{\left(-\frac{1}{10}+j\frac{\pi}{6}\right)n}$ 的实部、虚部、模及相位随时间变化的曲线，并观察其时域特性。

解： 其 MATLAB 源程序为

```
n=0:30;
A=2;a=-1/10;b=pi/6;
x=A*exp((a+i*b)*n);
subplot(2,2,1)
stem(n,real(x),'fill'),grid on
title('实部'),axis([0,30,-2,2]),xlabel('n')
subplot(2,2,2)
stem(n,imag(x),'fill'),grid on
title('虚部'),axis([0,30,-2,2]),xlabel('n')
subplot(2,2,3)
stem(n,abs(x),'fill'),grid on
title('模');axis([0,30,0,2]);
xlabel('n');
subplot(2,2,4);
```

```
stem(n,angle(x),'fill');grid on
title('相位'),axis([0,30,-4,4]),xlabel('n')
```

程序运行后的结果如图 2.5 所示。

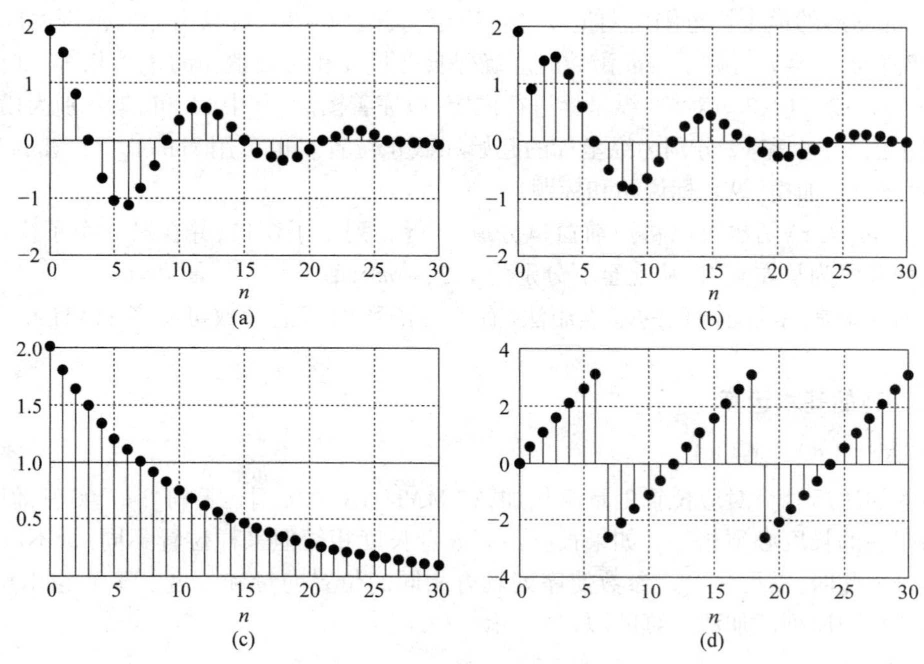

图 2.5 【例 2-2】的程序运行结果

(a)实部;(b)虚部;(c)模;(d)相位

(二)序列的 MATLAB 表示

序列的表示方法有列举法、解析法和图形法。相应的,用 MATLAB 表示时也可有这样几种方法,现分别介绍如下。

1. 列举法

在 MATLAB 中,用一个列向量来表示一个有限长序列,由于一个列向量并不包含位置信息,因此需要用表示位置的 $\boldsymbol{n}$ 和表示量值的 $\boldsymbol{x}$ 两个向量来表示任意一个序列,如

```
n=[-3,-2,-1,0,1,2,3,4];
x=[2,1,-1,0,1,4,3,7];
```

如果不对向量的位置进行定义,则 MATLAB 默认该序列的起始位置为 $n=0$。

由于内存有限,故 MATLAB 不能表示一个无限长序列。

2. 解析法

对于有解析表达式的确定信号,首先定义序列的范围(即 n 的值),然后直接写出该序列的表达式。例如,实现实指数序列 $x(n)=(0.9)^n(0\leq n\leq 10)$ 的 MATLAB 程序为

```
n=[0:10];
x=(0.9).^n;
```

3. 图形法

在 MATLAB 中,用图形法表示一个序列就是在前两种表示方法的基础上将序列的各个量

值描绘出来,即首先对序列进行定义,然后用相应的绘图语句绘图,如绘制用列举法表示的序列的图形,则在向量定义之后加如下绘图语句:

```
stem(n,x);
```

此时,得到的图形的横坐标范围由向量 $\boldsymbol{n}$ 的值决定,其值为 $-3\sim4$;纵坐标的范围由向量 $\boldsymbol{x}$ 的值决定,其值为 $-1\sim7$。应用 stem 函数时应确保自变量 n 和函数值 x 的个数相等。此外可用函数 axis([x1,x2,y1,y2])对横、纵坐标进行限定,以完善图形,其中 x1 和 x2 分别为横坐标的起始和截止位置,y1 和 y2 分别为纵坐标的起始和截止位置。也可用 xlabel('')、ylabel('')和 title('')为该图添加横、纵坐标说明和标题。

subplot(m,n,k)函数可以将当前窗口分成 m 行 n 列个子窗口,并在第 k 个子窗口绘图。窗口的排列顺序为从左至右,从上至下分别为 $1,2,\cdots m\times n$。

以上为几个常用绘图函数的基本用法,有关各函数的其他参数可参考 MATLAB 的 Help 文件。

(三)序列的基本运算

1. 加法:$x_1(n)+x_2(n)$

序列的加法运算为对应位置处量值相加,在 MATLAB 中可用运算符"+"实现,但要求参与运算的序列的长度必须相等。如果长度不等或者长度相等但采样位置不同,则不能直接应用该运算符。此时,需要先给定参数使序列具有相同的位置向量和长度。下面给出用 sigadd 函数实现任意两序列的加法运算的源程序(示例程序):

```
function [y,n]=sigadd(x1,n1,x2,n2)
% implements y(n)=x1(n)+x2(n)
% [y,n]=sigadd(x1,n1,x2,n2)
%  y=sum sequence over n, which includes n1 and n2
%  x1=first sequence over n1
%  x2=second sequence over n2 (n2 can be different from n1)
n=min(min(n1),min(n2)):max(max(n1),max(n2)); % duration of y(n)
y1=zeros(1,length(n)); y2=y1;              % initialization
y1(find((n>=min(n1))&(n<=max(n1))==1))=x1;   % x1 with duration of y
y2(find((n>=min(n2))&(n<=max(n2))==1))=x2;   % x2 with duration of y
y=y1+y2;     % sequence addition
```

其中,x1 和 x2 为参与加法运算的两序列;n1 和 n2 分别为 x1 和 x2 的位置向量。

2. 乘法:$x_1(n)\cdot x_2(n)$

序列的乘法运算为对应位置处量值相乘,在 MATLAB 中可用数组运算符".*"实现,但受"+"运算符的限制。

3. 反转:$x(n)\rightarrow x(-n)$

序列的反转指序列的每个量值都对 $n=0$ 作一个对称操作,从而得到一个新序列。在 MATLAB 中,其可由 fliplr(x)函数实现。此时,序列位置的反转则由 -fliplr(n)实现。

4. 平移:$x(n)\rightarrow x(n-m)$

平移就是将序列的每个量值都移动 m 个位置,在得到的新序列中,量值和原序列相同,只

是位置向量 $\boldsymbol{n}$ 发生变化。当 $m>0$ 时，表示序列向右平移，此时新序列的位置向量为 $\boldsymbol{n}+\boldsymbol{m}$；当 $m<0$ 时，表示序列向左平移，此时新序列的位置向量为 $\boldsymbol{n}-\boldsymbol{m}$。

三、实验内容

(1)如图 2.6 所示，参考示例程序，产生一个有延迟的单位脉冲序列 $\delta(n-11)(5\leqslant n\leqslant 15)$，绘出序列的图形。

图 2.6　单位脉冲序列 $\boldsymbol{\delta}(\boldsymbol{n}-\mathbf{11})$

(2)如图 2.7 所示，参考示例程序，产生一个向前时移 7 个时刻的单位阶跃序列 $u(n+7)$ $(-10\leqslant n\leqslant 10)$，绘出序列的图形。

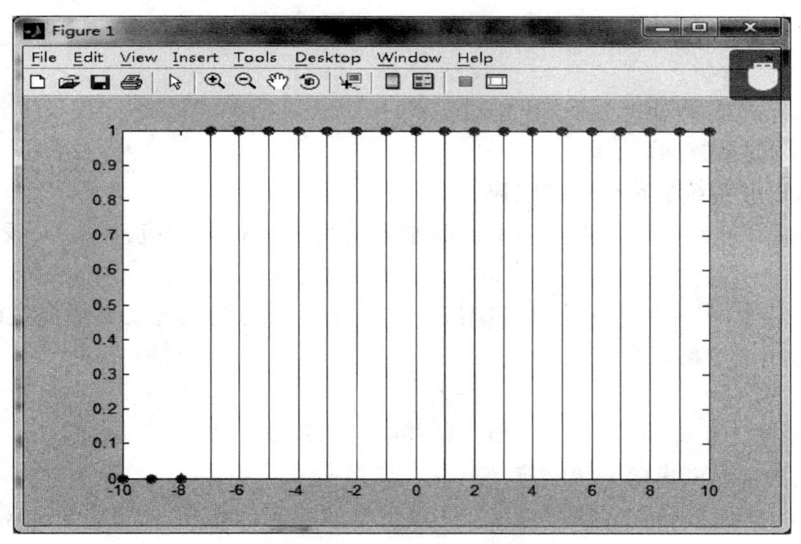

图 2.7　单位阶跃序列 $\boldsymbol{u}(\boldsymbol{n}+\mathbf{7})$

(3)产生一个指数为 $[-0.1+(\pi/6)\times i]n(0\leqslant n\leqslant 20)$ 的复指数序列，并绘出序列的实

部、虚部、幅度和相位的波形。

(4)已知 $x(n)=\{1,2,3,4,5,6,7,6,5,4,3,2,1\}(-2\leqslant n\leqslant 10)$,参考示例程序,绘出下列序列的波形:

①$x_1(n)=2x(n-5)-3x(n+4)$;

②$x_2(n)=x(3-n)+x(n)x(n-2)$

四、思考题

代数运算符号“ * ”和“. * ”的区别是什么?

实验二 时域离散系统响应及系统稳定性

一、实验目的

(1)学会运用 MATLAB 求解时域离散系统的零状态响应及单位脉冲响应。

(2)掌握时域离散系统的时域特性。

(3)学会分析、观察及检验系统的稳定性。

二、实验原理

(一)时域离散系统的零状态响应

时域离散系统 LTI 可用线性常系数差分方程来描述,即

$$\sum_{i=0}^{N} a_i y(n-i) = \sum_{j=0}^{M} b_j x(n-j)$$

式中,$a_i(i=0,1,\cdots,N)$和 $b_j(j=0,1,\cdots,M)$为实常数。

MATLAB 中 filter 函数可对差分方程在指定时间范围内的输入序列所产生的响应进行求解。filter 函数的语句格式为

```
y=filter(b,a,x);
```

式中,x 为输入的离散序列;y 为输出的离散序列;y 的长度与 x 的长度一样;b 与 a 分别为差分方程右端与左端的系数向量。

(二)时域离散系统的单位脉冲响应

系统的单位脉冲响应定义为:在 $\delta(n)$激励下系统的零状态响应,用 $h(n)$表示。可利用 MATLAB 中的 filter 函数求解单位脉冲响应,并将激励设为前面所定义的 $\delta(n)$。

在 MATLAB 中,另一种求单位脉冲响应的方法是利用控制系统工具箱提供的函数 impz。函数 impz 的常用语句格式为

```
impz(b,a,N)
```

式中,参数 N 通常为正整数,代表计算单位脉冲响应的样值个数。

(三)卷积法求时域离散系统响应

由于系统的零状态响应是激励与系统的单位脉冲响应的卷积,因此卷积运算在离散信号处理领域被广泛应用。离散信号的卷积定义为

$$y(n) = x(n) * h(n) = \sum_{m=-\infty}^{+\infty} x(m)h(n-m)$$

可见,离散信号的卷积运算是求和运算,因而常称为“卷积和”。

在 MATLAB 中,求离散信号卷积的函数为 conv,其语句格式为

```
y = conv(x,h)
```

式中,x 与 h 表示离散时间信号值的向量;y 为卷积结果。用 MATLAB 进行卷积运算时,无法实现无限累加,只能计算时限信号的卷积。对于给定函数的卷积,则应计算卷积结果的起始点及其长度。两个时限序列的卷积和长度一般等于两个序列长度的和减 1。应当注意的是,conv 函数默认 x 和 h 两个序列都是从 0 开始,所以不需要位置向量。当然卷积结果默认也是从 0 开始。当两个序列不是从 0 开始时,需要对 conv 函数稍加扩展。根据卷积原理,调用 conv 函数可以写作通用卷积函数 convu。

(四)时域离散系统的时域特性

系统的时域特性指的是系统的线性时不变性质、因果性和稳定性。本次实验重点分析系统的稳定性,包括观察系统的暂态响应和稳态响应。

系统的稳定性是指对任意有界的输入信号,系统都能得到有界的系统响应,或者系统的单位脉冲响应满足绝对可和的条件。系统的稳定性由其差分方程的系数决定。

实际中检查系统是否稳定时,不可能检查系统对所有有界的输入信号,输出信号是否都是有界,或者检查系统的单位脉冲响应是否满足绝对可和的条件。可行的方法是在系统的输入端加入单位阶跃序列,如果系统的输出信号趋近一个常数(包括 0),就可以断定系统是稳定的。系统的稳态输出是指当 n 趋于无穷大时系统的输出信号。如果系统稳定,那么信号加入系统后,系统输出信号的开始段称为暂态响应。随着 n 的增大,幅度趋于稳定,达到稳态输出信号。

注意:在以下实验中均假设系统的初始状态为 0。

三、实验内容及步骤

(1)编制程序,包括产生输入信号、单位脉冲响应序列的子程序,以及用 filter 函数或 conv 函数求解系统输出响应的主程序。程序中要有绘制信号波形的功能。

(2)定义一个低通滤波器的差分方程,即

$$y(n)=0.05x(n)+0.05x(n-1)+0.9y(n-1)$$

其输入信号为

$$x_1(n)=R_8(n),x_2(n)=u(n)$$

①分别求出 $x_1(n)=R_8(n)$ 和 $x_2(n)=u(n)$ 的系统响应,并画出其波形。

②求出系统的单位脉冲响应,并画出其波形。

③用线性卷积法求出系统对 $x_1(n)=R_8(n)$ 和 $x_2(n)=u(n)$ 的响应,并画出其波形。

(3)定义谐振器(谐振器的谐振角频率为 0.4 rad)的差分方程,即

$$y(n)=0.009\,95x(n)-0.009\,5x(n-2)+1.823\,7y(n-1)-0.980\,1y(n-2)$$

①用实验方法检测系统是否稳定;输入信号为 $u(n)$ 时,画出系统输出波形。

②若给定输入信号为 $x(n)=\sin(0.014n)+\sin(0.4n)$,试求系统的输出响应,并画出其波形。

四、思考题

(1)如果输入信号为无限长序列,系统的单位脉冲响应是有限长序列,则可否用线性卷积

法求系统的响应？若可以，应如何求？

(2)如果信号经过低通滤波器后，把信号的高频分量滤除掉了，那么时域信号会有何变化？试用实验内容及步骤(2)中①的结果进行分析说明。

实验三 信号的频谱分析

一、实验目的

(1)进一步了解离散傅里叶变换(DFT)的主要性质及快速离散傅里叶变换(FFT)在数字信号处理中的重要作用。

(2)熟练掌握FFT的原理以及用DFT、FFT对连续信号和时域离散信号进行频谱分析的方法，并熟知可能出现的分析误差及原因。

二、实验原理及方法

用DFT、FFT对信号作频谱分析是学习数字信号处理的重要内容。经常需要进行频谱分析的信号是模拟信号和时域离散信号。

(一)利用DFT对时域离散信号进行频谱分析

非周期离散时间信号，即有限长序列 $x(n)$ 的DFT为

$$X(k) = \sum_{n=0}^{N-1} \mathrm{e}^{-\mathrm{j}\frac{2\pi}{N}nk}$$

逆变换为

$$x(n) = \frac{1}{N}\sum_{k=0}^{N-1} X(k)\mathrm{e}^{\mathrm{j}\frac{2\pi}{N}nk}$$

【例2-3】 如果 $x(n)=\sin(n\pi/8)+\sin(n\pi/4)$ 是一个 $N=16$ 的有限序列，用MATLAB求该序列经过DFT的结果，并画出结果图，如图2.8所示。

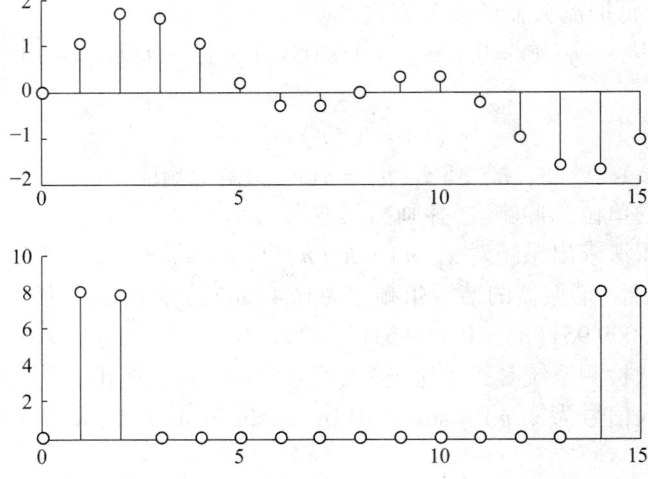

图2.8 有限长序列的DFT结果图

解:实现 $x(n)$ 的 DFT 的 MATLAB 源程序为

```
N=16;
n=0:1:N-1;        % 时域采样
xn=sin(n*pi/8)+sin(n*pi/4);
k=0:1:N-1;        % 频域采样
WN=exp(-j*2*pi/N);
nk=n'*k;
WNnk=WN.^nk;
Xk=xn*WNnk;
subplot(2,1,1)
stem(n,xn);
subplot(2,1,2)
stem(k,abs(Xk));
```

(二)利用 DFT 对时域连续信号进行频谱分析

DFT 的重要应用之一是对时域连续信号的频谱进行分析,称为傅里叶分析,时域连续信号离散傅里叶分析的基本步骤如图 2.9 所示。

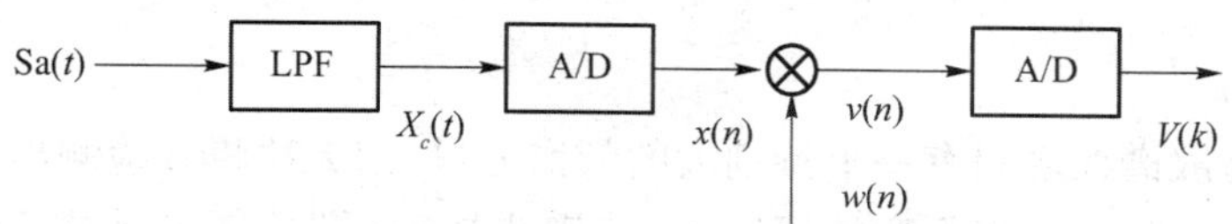

图 2.9　时域连续信号离散傅里叶分析的基本步骤

其中,消混叠低通滤波器 LPF(预滤波器)是为了消除或减少时域连续信号转换成序列时可能出现的频谱混叠的影响。在实际工作中,时域离散信号 $x(n)$ 的时宽很长甚至是无限长的(例如语音或音乐信号)。由于 DFT 的需要,必须把 $x(n)$ 限制在一定时间间隔内,即进行数据截断。数据截断相当于加窗处理。因此,在计算 $x(n)$ 的 DFT 之前,用一个时域有限的窗函数 $w(n)$ 加到 $x(n)$ 上是非常必要的。

$X_c(t)$ 通过 A/D 变换器转换成时域离散信号 $x(n)$。其频谱用 $X(e^{j\omega})$ 表示,它是频率 ω 的周期函数,即

$$X(e^{j\omega}) = \frac{1}{T}\sum_{m=-\infty}^{-\infty} X_c\left(j\frac{\omega}{T} + j\frac{2\pi m}{T}\right)$$

式中,$X_c(j\Omega)$ 或 $X_c\left(j\frac{\omega}{T}\right)$ 为 $X_c(t)$ 的频谱。

在实际应用中,消混叠低通滤波器的阻带不可能是无限衰减的,故由 $X_c(j\Omega)$ 周期延拓得到的 $X(e^{j\omega})$ 有非零重叠,即出现混叠现象。

由于需进行 DFT,故必须先对 $x(n)$ 进行加窗处理,即 $V(n)=x(n)w(n)$。加窗对频域的影响用周期卷积表示,有

$$V(e^{j\omega}) = \frac{1}{\pi}\int_{-\pi}^{\pi} X(e^{j\theta})W(e^{j(\omega-\theta)})d\theta$$

加窗后的 DFT 为

$$V(k) = \sum_{n=0}^{N-1} v(n) e^{-j\frac{2\pi}{N}nk}, 0 \leqslant k \leqslant N-1$$

式中,假设窗函数的长度 L 小于或等于 DFT 的长度 N。

有限长序列 $v(n)=x(n)w(n)$ 的 DFT 相当于 $v(n)$ 傅里叶变换的等间隔采样,即

$$V(k) = V(e^{j\omega}) \bigg|_{\omega=\frac{2\pi}{N}k}$$

式中 $V(k)$ 是 $X_c(t)$ 的离散频率函数。

因为 DFT 的频率间隔为 $\frac{2\pi}{N}$,且模拟频率 Ω 和数字频率 ω 间的关系为 $\omega=\Omega T$,所以离散频率函数各频率点对应的模拟频率为

$$\Omega = \frac{2\pi k}{NT}$$

显然频率分辨率 Δf 为

$$\Delta f = \frac{1}{NT}$$

利用 DFT 计算频谱,只给出频谱 $\omega_k = \frac{2\pi}{N}k$ 的频率分量(即频率的采样值),是不可能得到连续的频谱函数的。

如果在两个离散谱线之间有一个特别大的频谱分量,则无法将其检测出来。

为了在保持原来频谱形状不变的情况下,使谱线加密(即使频域采样点数增加),从而使原来看不到的频谱分量变得可以看到,可以在信号数据的末端补加一些零值点,这会使 DFT 计算周期内的点数增加,但又不改变原有的记录数据。

【例 2-4】 已知:$Xa(t)=\cos(200nt)+\sin(100nt)+\cos(50nt)$,选取不同的截取长度 T_p,观察用 DFT 进行频谱分析时存在的截取效应(频谱泄漏和谱间干扰)。在计算机上用 DFT 对模拟信号进行谱分析时,只能以有限大的采样频率 f_s 对模拟信号采样。对有限点样本序列(等价于截取模拟信号的一段进行采样)作 DFT 得到模拟信号的近似频谱。

解:其 MATLAB 源程序为

```
clear;close all;
fs=400;T=1/fs;
Tp=0.04;N=Tp*fs;
N1=[N,4*N,8*N];%3 种长度 0.04s 4*0.04s 8*0.04s% 矩形窗截断
  for m=1:3
  n=1:N1(m);
xn=cos(200*pi*n*T)+sin(100*pi*n*T)+cos(50*pi*n*T);
  Xk=fft(xn,4096);
fk=fs*[0:4095]/4096;
subplot(3,2,2*m-1);
plot(fk,abs(Xk)/max(abs(Xk)));
  if m==1 title('矩形窗截断');
end
end
```

```
% 加海明窗截断
for m = 1:3
  n = 1:N1(m);
wn = hamming(N1(m));
xn = (cos(200 * pi * n * T) + sin(100 * pi * n * T) + cos(50 * pi * n * T)). * wn';
  Xk = fft(xn,4096);
fk = fs * [0:4095]/4096;
subplot(3,2,2 * m)
plot(fk,abs(Xk)/max(abs(Xk)));
  if m == 1 title('hamming 窗截断');
end
```

(三)利用 FFT 对信号进行频谱分析

FFT 是计算 DFT 的一种快速算法,为了提高运算速度,FFT 将 DFT 的计算逐次分解成较小点数的 DFT。用 FFT 作频谱分析时,要求序列长度 N 为 2 的自然数次幂,这一点在选择采样点数时可以考虑满足,即使满足不了,还可以通过在序列尾部加 0 完成。用 FFT 对信号进行频谱分析的重要问题是频谱分辨率 D 和分析误差。频谱分辨率直接和 FFT 的变换区间 N 有关,因为 FFT 能够实现的频率分辨率是 $2\pi/N$,因此要求 $2\pi/N \leqslant D$。误差主要原因:用 FFT 作频谱分析时,得到的是离散谱,而信号(周期信号除外)是连续谱,只有当 N 较大时,离散谱的包络才能逼近连续谱,因此 N 要适当选择大一些。

周期信号的频谱是离散谱,只有用整数倍周期的长度作 FFT,得到的离散谱才能代表周期信号的频谱。如果不知道信号周期,则可以尽量使信号的观察时间长一些。

如果用 FFT 对模拟信号进行频谱分析,则首先要把模拟信号转换成数字信号,转换时要求知道模拟信号的最高截止频率,以便选择满足采样定理的采样频率。一般选择的采样频率是模拟信号中最高频率的 3 ~4 倍。另外,还要选择对模拟信号的观测时间,如果采样频率和观测时间确定,则采样点数也确定了。这里观测时间与对模拟信号进行频谱分析的分辨率有关,最小的观测时间和分辨率成倒数关系,要求选择的采样点数和观测时间大于它的最小值。

三、实验内容及步骤

(1)对以下序列进行频谱分析:

$$x_1(n) = R_4(n)$$

$$x_2(n) = \begin{cases} n+1, & 0 \leqslant n \leqslant 3 \\ 8-n, & 4 \leqslant n \leqslant 7 \\ 0, & \text{其他} \end{cases}$$

要求:选择 FFT 的变换区间 N 为 8 和 16 两种情况进行频谱分析;分别输出其幅频特性曲线,并进行对比、分析和讨论。

(2)对以下周期序列进行频谱分析:

$$x_3(n) = \cos \frac{\pi}{4} n$$

要求:选择 FFT 的变换区间 N 为 8 和 16 两种情况进行谱分析;分别输出其幅频特性曲

线,并进行对比、分析和讨论。

(3)对以下模拟周期信号进行谱分析:

$$x_4(t) = \cos 8\pi t + \cos 16\pi t + \cos 20\pi t$$

要求:选择采样频率 $f_s = 64$ Hz,对变换区间 N 为 16、32、64 3 种情况进行频谱分析;分别输出其幅频特性曲线,并进行对比、分析和讨论。

四、思考题

(1)对于周期序列,如果不知道周期,如何用 FFT 进行频谱分析?

(2)如何选择 FFT 的变换区间?(包括非周期信号和周期信号)

实验四　CCS 工程创建及 C 语言基本操作

一、实验目的

(1)熟悉 CCS 集成开发环境,掌握工程的创建方法;熟悉 CCS 的各种功能,能在开发系统上对现有汇编语言及 C 语言程序进行编译、调试及运行;能利用软件工具,观察调试过程及运行结果;能利用 CCS 对数据进行波形分析。

(2)能读懂程序,能将所读结果与软件仿真系统的观察结果进行比较。

二、实验仪器和设备

DSP 仿真器仿真软件(CCS)、计算机实验箱。

三、实验内容

(1)利用 SEED – DTK 实验箱完成工程管理,以及源文件的管理、编译、汇编、链接和调试。具体步骤如下:

①安装、配置 SEED – XDSUSB2.0 仿真器。

②建立 DSP 工程。

③建立 DSP 源文件。

④学习使用 CCS 的调试工具。

(2)在 CCS 下开发 DSP 软件项目,需要先建立一个工程文件,扩展名缺省为“*.pjt”,所有关于项目的信息都会存储在这个工程文件中。若用 C 语言开发,则需要使用“Project”→“Add Files to Project…”命令将 C 语言的标准支持库“rts.lib”或“rts_ext.lib”添加到工程文件中。此外,还需要将链接器命令文件“*.cmd”添加到工程文件中。

执行“Project”→“Rebuild All”命令,对工程进行编译、汇编和链接,在“Output”窗口中将显示相关信息。目标文件“*.out”生成成功后,执行菜单命令“File”→“Load Program”,选择“*.out”文件并打开,将生成的可执行程序加载到 DSP 中,CCS 将自动打开一个反汇编窗口,显示加载程序的反汇编指令。执行菜单命令“Debug”→“Run”运行程序。

四、实验步骤

(1)将 DSP 仿真器与计算机连接好。

(2)将 DSP 仿真器的 JTAG 插头与 SEED - DEC54xx 单元的 J1 连接。

(3)启动计算机后,打开 SEED - DTK 实验箱的电源;观察 SEED - DTK - 101 单元的 +5 V、+3.3 V、+15 V 和 -15 V 的电源指示灯以及 SEED - DEC54xx 的 D1 和 SEED - DSK2812 的 D2 是否都亮着,若有不亮,则需断开电源,检查电源。

(4)配置 SEED - XDSUSB2.0 仿真器。

(5)进入 CCS 环境。

(6)创建一个工程,添加附录汇编源文件"TestXF. asm"和链接器命令文件"TestXF. cmd"。

(7)编译并调试,相关命令如下:

①设置断点。将光标放在需要设置断点的程序前,执行"Debug"→"Breakpoints"命令,设置断点。

②复位。"Debug"→"Reset CPU"命令——复位 DSP 目标系统,初始化所有的寄存器,终止程序的执行;"Debug"→"Restart"命令——将程序计数器(PC)值恢复到程序的入口,但不执行程序;"Debug"→"Go main"命令——将程序运行到主程序的入口地址处暂停。

③程序的执行。"Debug"→"Run"命令——从当前程序计数器执行程序,碰到断点时暂停;"Debug"→"Halt"命令——终止程序执行;"Debug"→"Animate"命令——动画运行程序;"Debug"→"Run free"命令——从当前程序计数器执行程序,忽略所有的断点;"Debug"→"Run to Cursor"命令——程序执行到光标处。

④单步执行操作。"Debug"→"Step Into"命令——单步执行,如果运行到调用函数处,将跳入到函数中单步执行;"Debug"→"Step Over"命令——单步执行,为了保护处理器的流水线操作,该指令后的若干条延迟指令或调用指令将同时被执行,如果运行到函数调用处,就会直接执行完整的函数功能,而不跳入函数内部单步执行;"Debug"→"Step Out"命令——调出函数或子程序执行。

⑤内存、寄存器与变量操作。

"View"→"Watch Window"命令:检查和编辑 C 语言表达式和变量的值。

"View"→"Registers"→"CPU Registers"命令:显示 DSP 的 CPU 寄存器中的值。

"View"→"Memory"命令:显示指定的存储器中的内容。

(8)执行"File"→"Workspace"→"Save Workspace"命令,保存调试环境。

实验五　IIR 滤波器的软件实现

一、实验目的

(1)熟知用双线性变换法设计 IIR 滤波器的原理与方法。

(2)掌握 IIR 滤波器的 MATLAB 实现方法。

(3)通过观察滤波器输入信号和输出信号的时域波形及其频谱,建立数字滤波的概念。

二、实验原理

一般采用间接法(脉冲响应不变法和双线性变换法)来设计 IIR 滤波器,其中应用最广泛的是双线性变换法。其基本设计过程如下:

(1)将滤波器的技术指标转换为模拟滤波器的技术指标。

(2)设计模拟滤波器 $G(s)$。

(3)将 $G(s)$ 转换成滤波器 $H(z)$。

MATLAB 信号处理工具箱中的各种 IIR 滤波器设计函数都采用双线性变换法。MATLAB 提供了一组标准的滤波器设计函数,大大简化了滤波器的设计过程。

(1)下列函数除了能选择滤波器的阶数外,同时也能选择数字滤波器的阶数。

①选择巴特沃斯滤波器阶数。

数字域:[n,Wn] = buttord(Wp,Ws,Rp,Rs)

模拟域:[n,Wn] = buttord(Wp,Ws,Rp,Rs,'s')

②选择切比雪夫型滤波器阶数。

数字域:[n,Wn] = cheb1ord(Wp,Ws,Rp,Rs)

模拟域:[n,Wn] = cheb1ord(Wp,Ws,Rp,Rs,'s')

③选择椭圆滤波器阶数。

数字域:[n,Wn] = ellipord(Wp,Ws,Rp,Rs)

模拟域:[n,Wn] = ellipord(Wp,Ws,Rp,Rs,'s')

注意:

n:返回符合要求性能指标的滤波器或模拟滤波器的最小阶数。

Wn:滤波器的截止频率(即 3 dB 频率)。

Wp 和 Ws:Wp 为通带的截止频率;Ws 为阻带的截止频率,单位为 rad/s。二者均为归一化频率,即 $0 \leqslant Wp(Ws) \leqslant 1$。1 对应弧度 π。

频率归一化:信号处理工具箱中使用的频率为奈奎斯特频率,根据香农定理,它为采样频率的一半,在滤波器设计中的截止频率均使用奈奎斯特频率进行归一化。如果归一化频率转换为角频率,则需将归一化频率乘以 π。如果将归一化频率转换为 Hz,则需将归一化频率乘以采样频率的一半。

(2)调用滤波器设计函数 butter、cheby1、cheby2 和 ellip 可以分别直接设计巴特沃斯、切比雪夫Ⅰ、切比雪夫Ⅱ以及椭圆模拟滤波器。

例如:butter

功能:巴特沃斯模拟/滤波器设计

格式:[b,a] = butter(n,wn,'ftype','s')

[b,a] = butter(n,wn,'ftype')

说明:

①选项中加入's'用于设计各种模拟巴特沃斯滤波器;选项中不加's'则用于设计各种数字巴特沃斯滤波器。

②ftype 为缺省,用于设计低通滤波器。

③ftype = high,用于设计高通滤波器。

④ftype = stop,用于设计带阻滤波器。

(3)本实验中滤波器的 MATLAB 实现是指调用 MATLAB 信号处理工具箱的 filter 函数对给定输入信号 $x(n)$ 进行滤波,以得到滤波后的输出信号 $y(n)$。

三、实验内容及步骤

(1)调用信号产生函数 sigm 产生3路抑制载波调幅信号相加构成的复合信号 $s(t)$，该函数还会自动绘图显示 $s(t)$ 的时域波形和幅频特性曲线，如图2.10所示。由图2.10可知，3路信号的时域混叠无法在时域分离。但其频域是分离的，所以可以通过滤波的方法在频域分离。

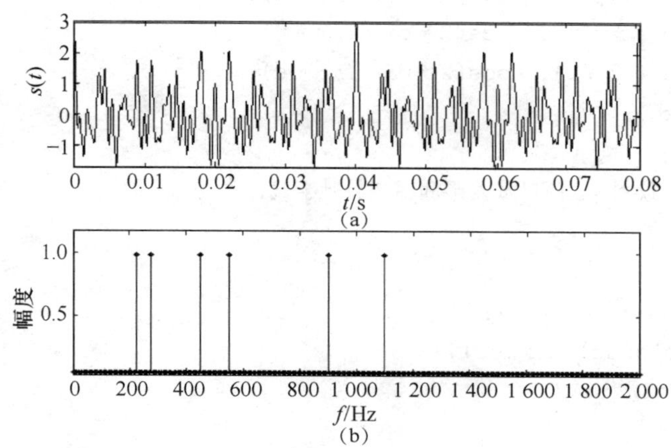

图2.10　信号 $s(t)$ 的时域波形和幅频特性曲线

(a) $s(t)$ 的波形；(b) $s(t)$ 的频谱

(2)要求将 $s(t)$ 中3路调幅信号分离，通过观察 $s(t)$ 的幅频特性曲线，分别确定可以分离 $s(t)$ 中3路抑制载波单频调幅信号的3个滤波器(低通滤波器、带通滤波器、高通滤波器)的通带截止频率和阻带截止频率。要求滤波器的通带最大衰减为0.1 dB，阻带最小衰减为60 dB。

所谓抑制载波单频调幅信号，就是将两个正弦信号相乘，它有2个频率成分：和频 f_c+f_o、差频 f_c-f_o。这两个频率成分关于载波 f_c 对称。所以，1路抑制载波单频调幅信号的频谱图是关于载波 f_c 对称的两根谱线。容易看出，图2.10中3路调幅信号的载波分别为250 Hz、500 Hz、1 000 Hz。

(3)编写程序，调用 MATLAB 滤波器设计函数 ellipord 和 ellip 来分别设计这3个椭圆滤波器，并绘图显示其损耗函数曲线。

(4)调用滤波器实现 filer 函数，用3个滤波器分别对信号 $s(t)$ 进行滤波，分离出 $s(t)$ 中3路不同的载波频率调幅信号 $y1(n)$、$y2(n)$、$y3(n)$，并绘图显示 $y1(n)$、$y2(n)$、$y3(n)$ 的时域波形，观察分离效果。

(5)实验程序及框图(仅供参考)。

①信号产生函数 sigm 清单。

```
Function st = sigm
% 产生信号 st,并显示 st 的时域波形和幅频曲线
%  st = sigm 返回3路调幅信号相加形成的混合信号,长度 N = 800
N = 800;
Fs = 10000;T = 1/Fs;
```

```
Tp = N * T;
t = 0:T:(N - 1) * T;
k = 0:(N - 1);f = k/Tp;
fc1 = Fs/10;fm1 = fc1/10;
fc2 = Fs/20;fm2 = fc2/10;
fc3 = Fs/40;fm3 = fc3/10;
xt1 = cos(2 * pi * fc1 * t). * cos(2 * pi * fm1 * t);
xt2 = cos(2 * pi * fc2 * t). * cos(2 * pi * fm2 * t);
xt3 = cos(2 * pi * fc3 * t). * cos(2 * pi * fm3 * t);
st = xt1 + xt2 + xt3;
fst = fft(st,N);
% 以下为绘图部分,绘制 st 的时域波形和幅频特性曲线
subplot(2,1,1);
plot(t,st);
xlabel('t/s');ylabel('s(t)');
axis([0,Tp/2,min(st),max(st)]);
title('a.s(t)的波形');
subplot(2,1,2);
stem(f,abs(fst)/max(abs(fst)),'.');
axis([0,Fs/5,0,1.2]);
xlabel('f/Hz');ylabel('幅度');
title('b.s(t)的频谱');
```

②实验程序框图如图 2.11 所示(仅供参考)。

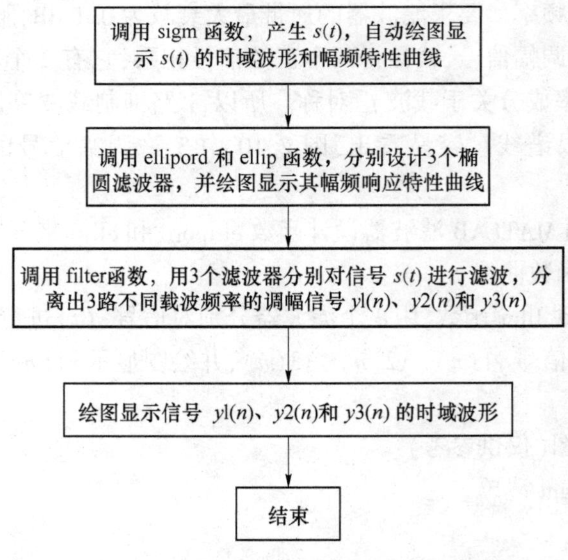

图 2.11　实验程序框图

四、思考题

(1)请阅读信号产生函数,确定3路调幅信号的载波频率和调制信号频率。

(2)当信号产生函数中采样点数 $N=1\ 600$ 时,对 $s(t)$ 进 FFT 可以得到6根理想谱线。如果取 $N=1\ 800$,则可否得到6根理想谱线?为什么?若 $N=2\ 000$ 呢?请改变函数中采样点数 N 的值,观察频谱图验证以上判断是否正确。

实验六 FIR 滤波器的设计与实现

一、实验目的

(1)掌握用窗函数法设计 FIR 滤波器的原理和方法。

(2)学会调用 MATLAB 函数设计与实现 FIR 滤波器的方法。

二、实验原理

利用窗函数法设计 FIR 滤波器

1. 常用的窗函数

矩形序列:w = boxcar(n)。其可产生一个长度为 n 的矩形窗函数。

三角窗函数:w = triang(n)。其可产生 n 点的三角窗函数。

bartlett 窗:w = Bartlett(n)。

汉明窗:w = hamming(n)。

汉明窗:w = hanning(n)。

blackman 窗:w = blackman(n)。

chebyshev 窗:w = chebwin(n,r)。其可产生 n 点的 chebyshev 窗函数,其傅里叶变换后的旁瓣波纹低于主瓣 rdB。注意,当 n 为偶数时,窗函数的长度为 n+1。

kaiser 窗:w = Kaiser(n,beta)。其可产生 n 点的 kaiser 窗函数,其中 beta 为影响窗函数旁瓣的 β 参数。若阻带最小,则衰减为 As。

2. 窗函数选择原则

(1)具有较低的旁瓣幅度,尤其是第一旁瓣幅度。

(2)旁瓣幅度下降速率要大,以便增加阻带衰减。

(3)主瓣的宽度要窄,以获得较陡的过渡带。

(4)通常上述几点很难同时满足。当选用主瓣宽度较窄时,虽然得到较陡的过渡带,但通带和阻带的波纹明显增加;当选用最小的旁瓣幅度时,虽然得到匀滑的幅度响应和较小的阻带波动,但过渡带加宽。因此,实际选用的窗函数往往是它们的折中。在主瓣宽度达到一定要求的条件下,适当牺牲主瓣宽度来换取旁瓣波动的减小。

3. 调用函数 fir1

fir1 函数实现加窗线性相位 FIR 滤波器设计，可设计出标准的低通滤波器、带通滤波器、高通滤波器和带阻滤波器。

(1) b = fir1(n, Wn)。可设计 n 阶低通 FIR 滤波器，这里 Wn 为归一化截止频率，0≤Wn≤1，Wn = 1 相应于 0.5fs。所设计的滤波器为加汉明窗的线性相位滤波器。当 Wn = [W1 W2] 时，fir1 可得到带通滤波器，其通带为 W1 < W < W2。

(2) b = fir1(n, Wn, 'ftype')。当 ftype = high 时，设计高通 FIR 滤波器；当 ftype = stop 时，设计带阻滤波器。其中 n 必须为偶数。当输入的阶次 n 为奇数时，fir1 函数会自动将阶数加 1。

(3) b = fir1(n, Wn, window)。window 长度为 n + 1，如不指定 window 参数，则 fir1 函数采用汉明窗。

(4) b = fir1(n, Wn, 'ftype', window)。

注：利用等波纹最佳逼近法设计 FIR 滤波器的原理，请感兴趣的读者自行查阅有关资料。

三、实验内容及步骤

具体步骤如下：

(1) 调用信号产生函数 xtg 产生具有加性噪声的信号 $x(t)$。该函数还会自动绘图显示 $x(t)$ 的时域波形和幅频特性曲线，如图 2.12 所示。

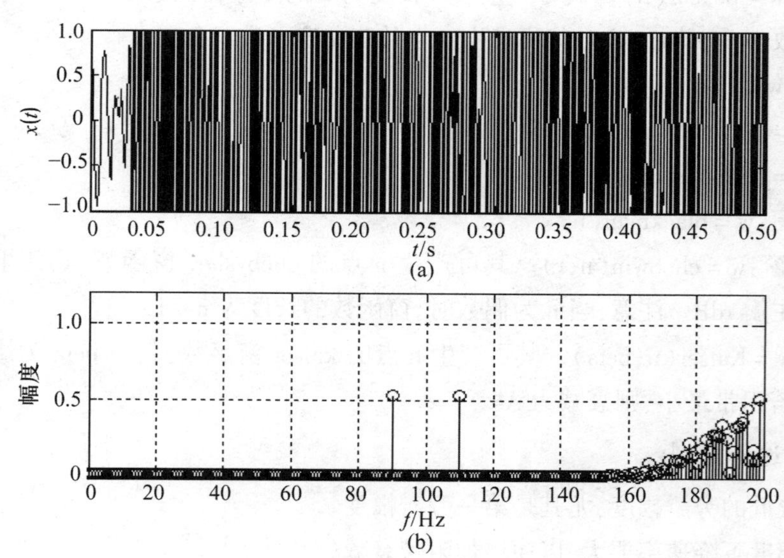

图 2.12　信号 $x(t)$ 的时域波形和幅频特性曲线

(a) $x(t)$ 的时域波形；(b) $x(t)$ 的幅频特性曲线

(2) 请设计低通滤波器，从高频噪声中提取 $x(t)$ 中的单频抑制载波调幅信号，要求信号幅度失真小于 0.1 dB，幅度衰减 60 dB。观察 $x(t)$ 的频谱，确定该滤波器的指标参数。

(3)根据滤波器指标参数选择合适的窗函数;计算窗函数的长度 N,并调用 MATLAB 中的 fir1 函数设计一个低通 FIR 滤波器;编写程序,调用 MATLAB 快速卷积函数 fftfilt 来实现对$x(t)$的滤波;绘图显示滤波器的频响特性曲线、滤波器输出信号的幅频特性曲线和时域波形图。

(4)重复步骤(2),滤波器指标不变,但改用等波纹最佳逼近法设计低通 FIR 滤波器,并调用 MATLAB 函数 remezord 和 remez 来设计低通 FIR 滤波器,比较两种设计方法设计的滤波器阶数。

提示:

① 采样频率 $f_s = 1\ 000$ Hz,采样周期 $T = 1/f_s$。

② 根据图 2.12 和实验要求,可选择滤波器指标参数为:通带截止频率 $f_p = 120$ Hz;阻带截止频率 $f_s = 150$ Hz;换算成数字频率,通带截止频率 $\omega_p = 2\pi f_p T = 0.24\pi$,通带最大衰减为 0.1 dB,阻带截止频率 $\omega_s = 2\pi f_s T = 0.3\pi$,阻带最小衰减为 60 dB。

(5)实验程序及框图。

①信号产生函数 xtg 清单。

```
Function xt = xtg
% 信号 xt 产生函数,并显示信号的时域波形和幅频特性曲线
% xt = xtg 产生 1 个长度为 N,有加性高频噪声的单频调幅信号 xt,N = 1 000
% 载波频率 fc = Fs/10 = 100 Hz,调制正弦波频率 f0 = Fc/10 = 10 Hz
N = 1000;Fs = 1000;T = 1/Fs;Tp = N * T;
t = 0:T:(N - 1) * T;
fc = Fs/10;fm = fc/10;
st = cos(2 * pi * fc * t). * cos(2 * pi * fm * t);
nt = 2 * rand(1,N) - 1;
% === 设计高通 FIR 滤波器 hn,用于滤除噪声 nt 中的低频成分,生成高通噪声 ===
fp = 200;fs = 150;rp = 0.1;rs = 70;
fb = [fs,fp];m = [0,1];
dev = [10^( - rs/20),(10^(rp/20) - 1)/(10^(rp/20) + 1)];
[n,fo,mo,W]= remezord(fb,m,dev,Fs);
hn = remez(n,fo,mo,W);
yt = filter(hn,1,10 * nt);
% === 以下为绘图部分 ===
xt = st + yt;
fxt = fft(xt,N);
k = 0:(N - 1);f = k/Tp;
figure(1);
subplot(2,1,1);
plot(t,xt);
xlabel('t/s');ylabel('x(t)');
axis([0,Tp/2,min(st),max(st)]);
```

```
title('a.x(t)的波形');
subplot(2,1,2);
stem(f,abs(fxt)/max(abs(fxt)));grid;
axis([0,Fs/5,0,1.2]);
xlabel('f/Hz');ylabel('幅度');
title('b. 信号加噪声的频谱');
```

②实验程序框图如图 2.13 所示,仅供参考。

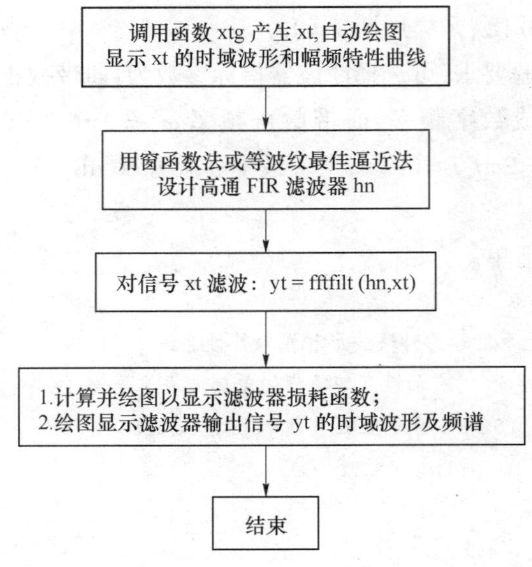

图 2.13　实验程序框图

四、思考题

(1)如果给定通带截止频率和阻带截止频率以及阻带最小衰减,则如何用窗函数法设计线性相位低通滤波器？请写出设计步骤。

(2)如果要用窗函数法设计带通滤波器,且给定通带上、下截止频率 ω_{pl} 和 ω_{pu},阻带上、下截止频率 ω_{sl} 和 ω_{su},试求理想带通滤波器的截止频率 ω_{cl} 和 ω_{cu}。

实验七　用 SPTool 测试数字系统

一、实验目的

(1)掌握 MATLAB 中信号处理工具 SPTool 的使用方法。

(2)能够用 SPTool 对数字系统进行分析与测试。

二、实验思路导图

实验思路导图如图 2.14 所示。

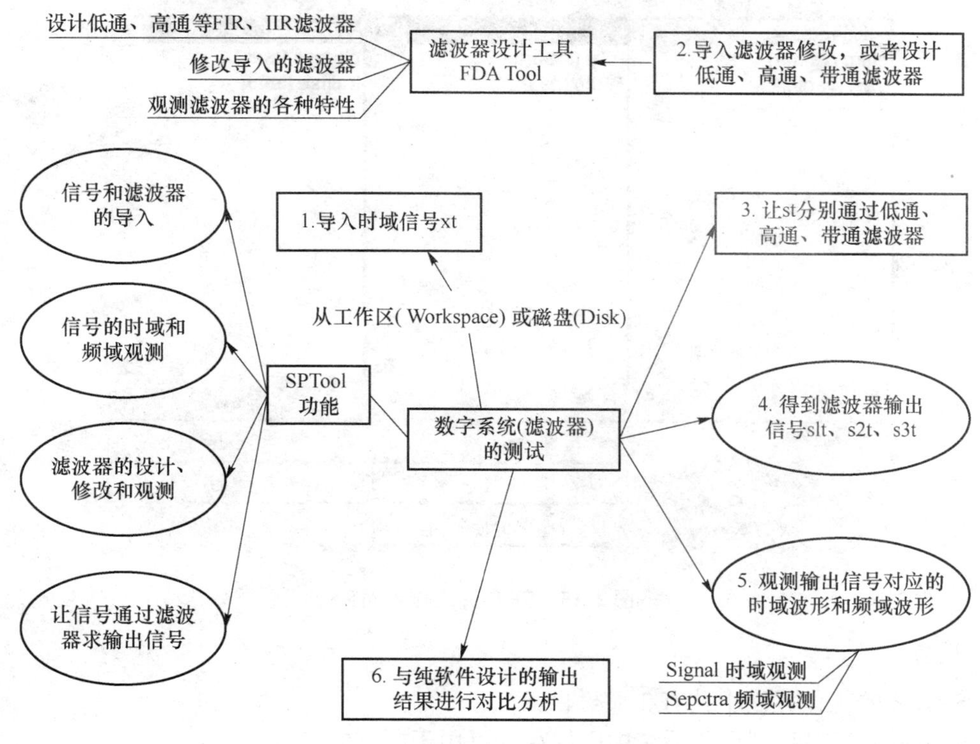

图 2.14　实验思路导图

三、实验原理

(一) SPTool 使用环境

在 MATLAB 信号处理工具箱中,为使用者提供了一个信号处理工具——SPTool。信号处理主要有两大任务:一是对信号进行分析,就是在时域分析它的波形和在频域分析它的频谱;二是滤波器的设计。在这两个任务进行的过程中经常做第 3 个任务,那就是检验。利用 SPTool 这一工具,可以把信号加到已设计好的滤波器中进行测试,检验滤波器的输出响应是否满足设计要求。从工程的角度看,SPTool 是一个非常实用的检测工具。

在 MATLAB 命令窗输入命令"SPTool",将打开 SPTool 工作界面,如图 2.15 所示。

1. 主菜单

主菜单包括"File"(文件)、"Edit"(编辑)、"Window"(窗口)、"Help"(帮助)4 个选项。其中,"File"选项和"Edit"选项的功能如下:

(1)"File"选项。该选项中的二级菜单项主要用于对本次设计过程进行打开文档、导入、导出、存储、输出打印等操作。其中,导入选项的使用非常重要。

(2)"Edit"选项。该选项下的二级菜单项主要用于对选中的信号、滤波器和频谱进行复制、删除、更名、改变采样频率等操作。

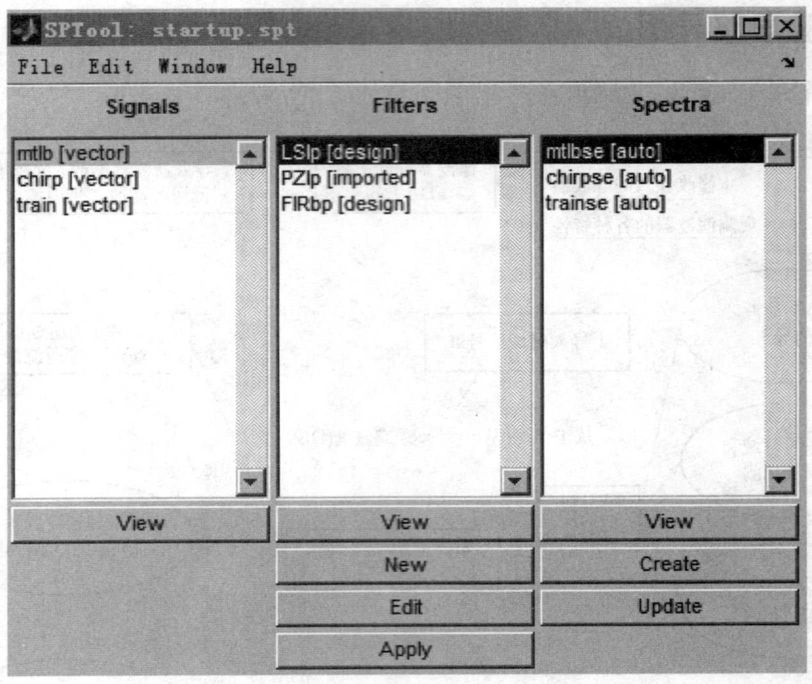

图 2.15 SPTool 工作界面

2. 栏目

在 SPTool 的工作界面中共有 3 大栏目：

(1)“Signals”栏目：列出了系统中已保存并可用于测试的信号。

(2)“Filters”栏目：列出了系统中已保存并可用于测试的滤波器。

(3)“Spectra”栏目：列出了系统中已保存的信号频谱。

(二)信号的建立与导入

如要生成测试信号，则先要让信号的数据结构满足 SPTool 的要求。此时一般有两种方法：一是从 MATLAB 命令窗输入程序，将生成的信号变量放入 Workspace 空间；二是由程序文件生成一个 m 文件。

一般的，第一种方法简单易行。下面以第一种方法为例，介绍信号的建立与导入。

【例 2-5】 在 MATLAB 命令窗建立一个由 3 个正弦信号叠加生成的测试信号，将其导入 SPTool 的测试环境，并显示其波形。

解：在 MATLAB 命令窗选择“View”主菜单下的“Workspace”工作区，打开“Workspace”窗口。

在 MATLAB 的命令窗中输入以下程序：

```
n=0:100;T=0.04;Fs=1/T;
x=sin(2*pi*n*T)+sin(3*2*pi*n*T)+sin(10*2*pi*n*T)
```

此时，将在“Workspace”窗口中显示变量 n、T、Fs、x，如图 2.16 所示。

在“SPTool”窗口中选择“FILE”选项中的“Import”命令，将出现图 2.17 所示的窗口。在该窗口的左侧有“Source”栏目，用于选择输入方式。其中：

“FromWorkspace”单选按钮：从 Workspace 导入信号。

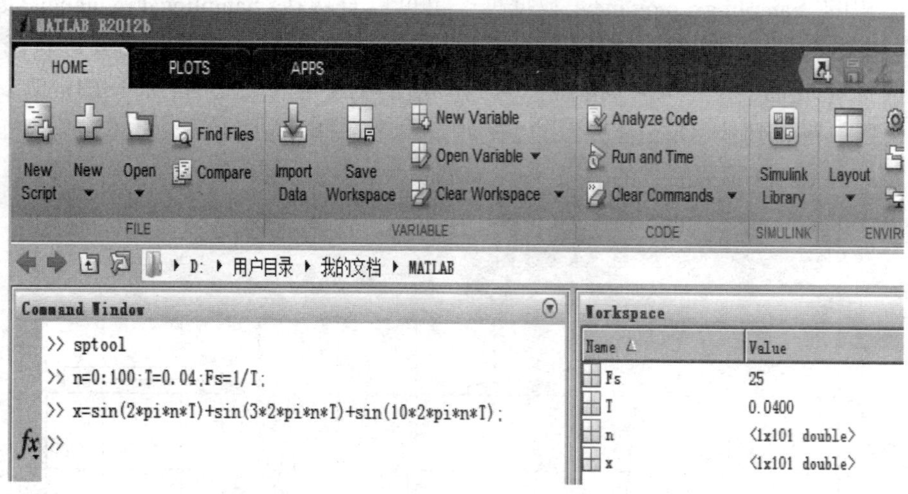

图 2.16 在 MATLAB 命令窗建立信号

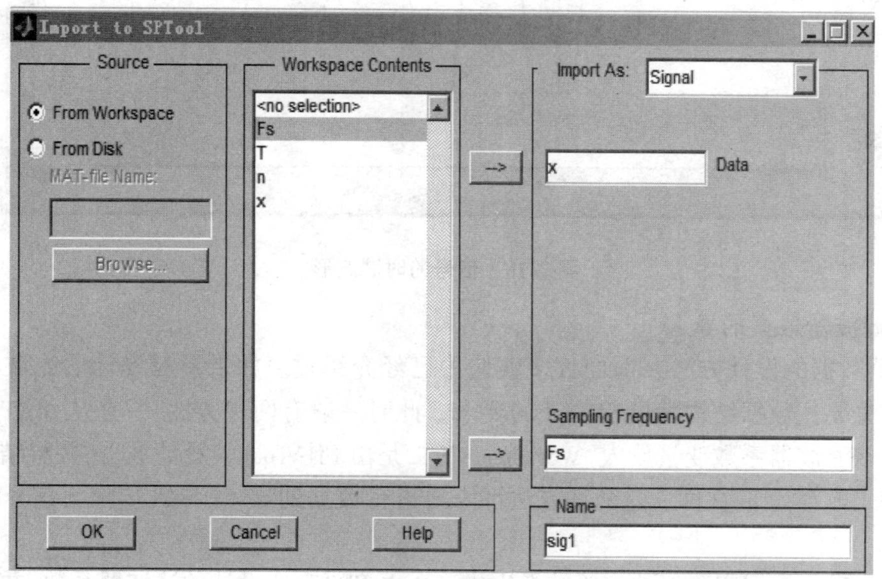

图 2.17 “Import to SPTool”窗口(导入测试信号)

“FromDisk”单选按钮:从 Disk(磁盘)导入信号,此时可以从浏览器选择有关的 MAT 文件。

“WorkspaceContents”栏目:显示全部可选变量。

“ImportAs”选项框:用于确定导入数据的性质,可选项有“Signal”(信号)、“Filter”(滤波器)等。

以导入信号为例,直接选中“Workspace Contents”栏目中已有的信号变量(如 x),再单击窗口右边上方的“→”按钮,此时 x 信号进入右边的“Data”数据框。类似的,直接选中“Workspace Contents”栏目中已有的采样频率变量(如 Fs),再单击窗口右下角的“→”按钮,此时采样频率

(Fs)进入右边的"Sampling Frequency"数据框。也可以直接在"Sampling Frequency"数据框中输入采样频率的数值。此外,在"Name"栏有默认的导入变量名,可以根据需要进行修改。

以上选择完成后,单击"OK"按钮,即可完成信号的导入。此时,在"SPTool"窗口中的"Signals"栏目中将看到信号 sig1 已经出现在列表中。选择"sig1"信号,再单击"Signals"栏目下面的"View"按钮,将显示信号的时域波形,如图 2.18 所示。

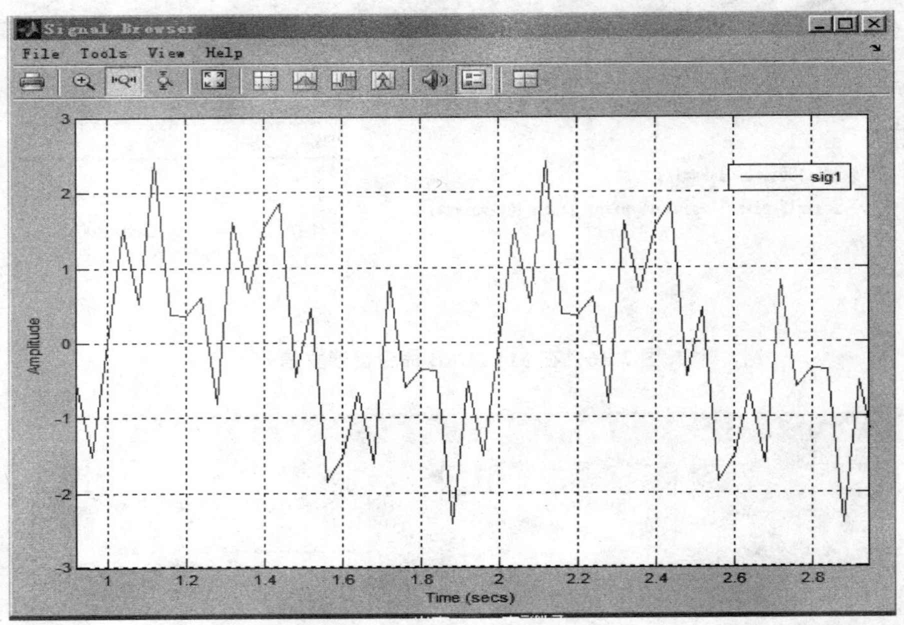

图 2.18 信号的时域波形

(三)滤波器数据的导入

滤波器数据的设计方法在前面许多实验中已经介绍过。如果要对设计的滤波器进行测试,那么首先要让数据结构满足 SPTool 的要求。此时一般有两种方法:一是从 MATLAB 命令窗口输入,将滤波器系数变量放入"Workspace";二是由 FDATool 设计滤波器,并将结果存放到"Workspace"或存为 m 文件。这两种方法都需要进行数据的导入,导入步骤与信号的导入基本一致。

【例 2-6】 根据实验五的实验结果生成一个由 FDATool 设计的滤波器系数,并将该系数导入 SPTool 系统,显示滤波器的频率特性。

解:在"SPTool"窗口选择"FILE"选项中的"Import"命令,打开图 2.19 所示的窗口。其中:

(1)"Source"栏目:用于选择输入方式。

(2)"From Workspace Contents"栏目:此时,在"WorkspaceContents"栏目下将显示滤波器系数变量。

在"Import As"选项框中选"Filter"选项,将自动出现一个"From"窗口。该窗口具有 4 个选项:

①"Transfer Function"选项:用于传递函数形式。

②"State Space"选项:用于选择状态空间形式。

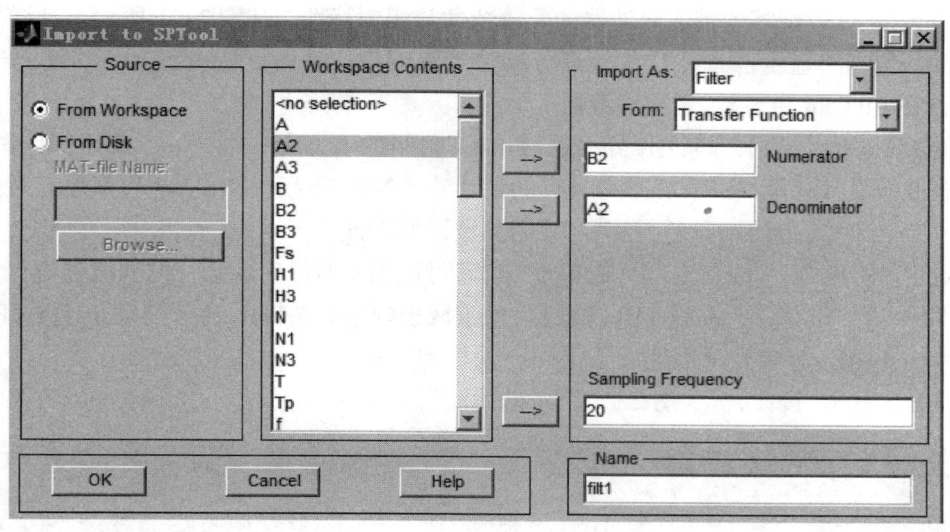

图 2.19　"Import to SPTool"窗口(导入滤波器系数)

③"Zeros,Poles,Gain"选项:用于选择零极点形式。

④"2nd Order Sections"选项:用于系统函数的 2 阶分式形式。

选择不同的导入形式,将出现不同的输入变量窗口。在图 2.19 所示窗口中选择了"Transfer Function"选项,出现输入传递函数分子("Denominator"窗口)和分母("Numerator"窗口)的两个窗口。将参数 A2 和 B2 分别输入后,在"Sampling Frequency"下方的选项框中选择采样频率 Fs 为 20 kHz。选择完成后,单击"OK"按钮,即完成了滤波器系数的导入。此时在 SPTool 工作界面的"Filters"栏目中将看到信号 filt1 已经出现在列表中。选择"filt1"信号,再单击"Filters"栏目下面的"View"按钮,将出现图 2.20 所示界面。

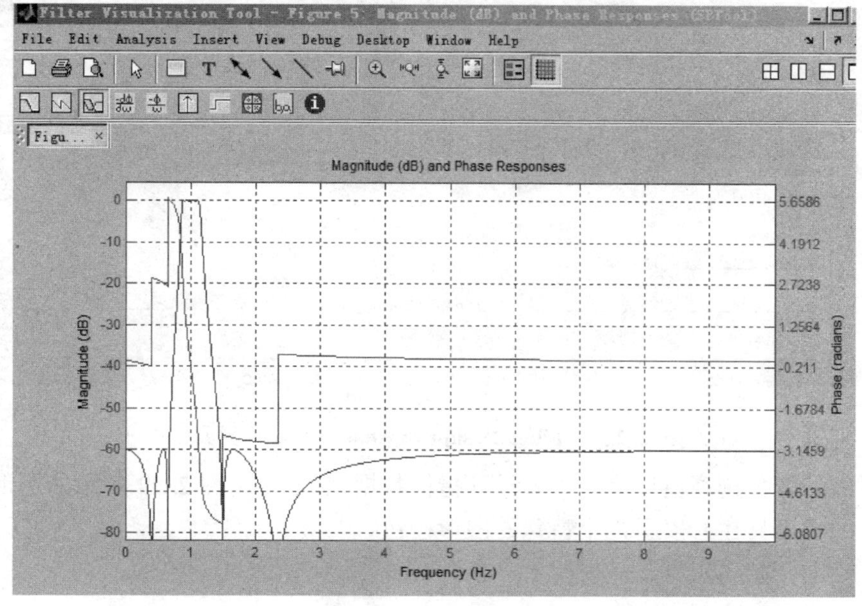

图 2.20　显示滤波器的幅频特性与相频特性

由图 2. 20 可以观察到带通滤波器的幅频特性与相频特性。从图 2. 21 所示工具栏的有关选项中,可以选择“显示群时延”“零极点分布”“冲激响应”与“阶跃响应”等。

(四)在 SPTool 中设计、修改滤波器

在图 2. 15 所示的 SPTool 工作界面的“Filters”栏目的下方有一个“New”按钮,单击它可直接进入滤波器设计环境。SPTool 本身具有的设计滤波器的功能比 FDATool 要简单。虽然选项不如 FDATool 丰富,但使用方便,能满足常用滤波器的设计。

“Filters”栏目的下方还有一个“Edit”按钮,其可以用来对已完成设计的滤波器进行修改。

【例 2 -7】 设计一个高通 FIR 滤波器,通带截止频率为 5 kHz,通带波动小于 1 dB;阻带截止频率为 4 kHz,阻带衰减幅度大于 40 dB;采样频率取 24 kHz。

解:单击“New”按钮,出现图 2. 21 所示的滤波器设计窗口。

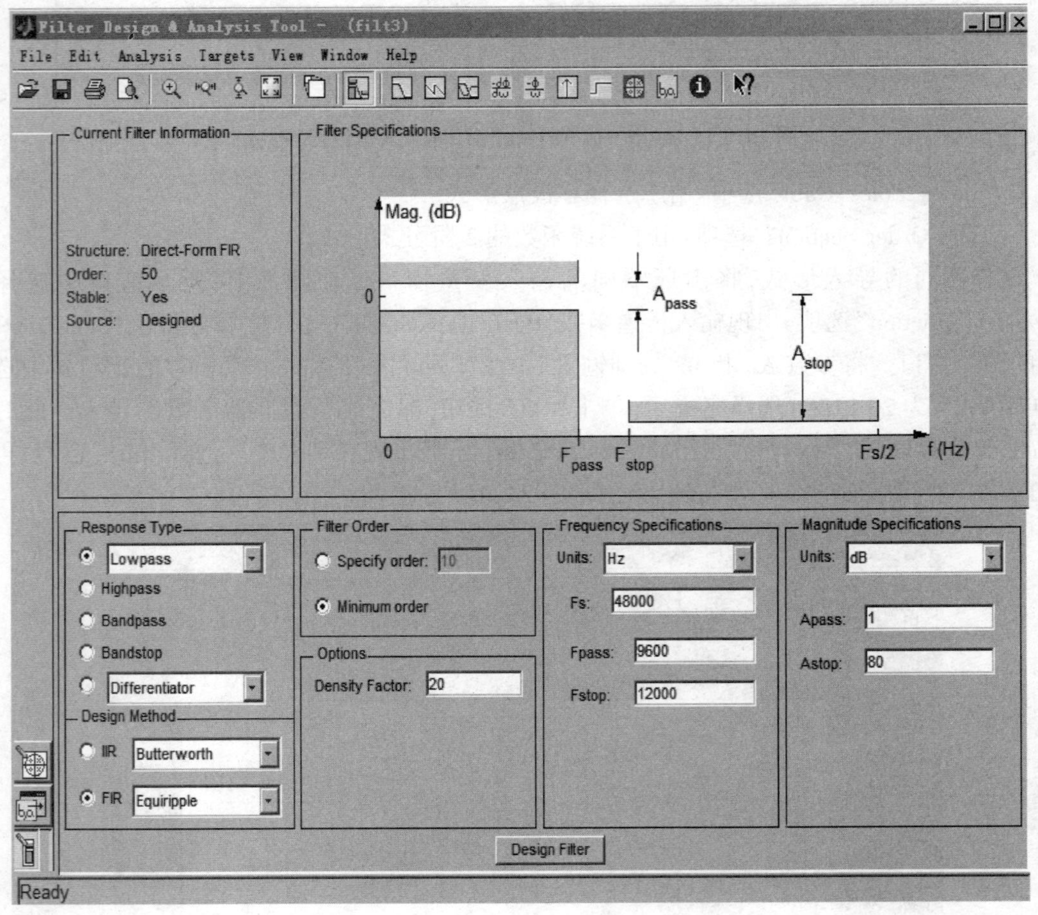

图 2. 21 “Filter Desiqn & Analysis Tool”界面

在该界面的有关选项窗口逐一输入设计指标数据,将设计出图 2. 22 所示的图形和数据结果。该窗口的主工具栏有以下几个特殊的图形按钮:

(1)放大鼠标选定的区域。

(2)用于恢复原有的图形。

(3)垂直方向图形放大。

(4)垂直方向图形缩小。

(5)水平方向图形放大。

(6)水平方向图形缩小。

(7)放大显示通带部分。

(8)同时显示频谱图。

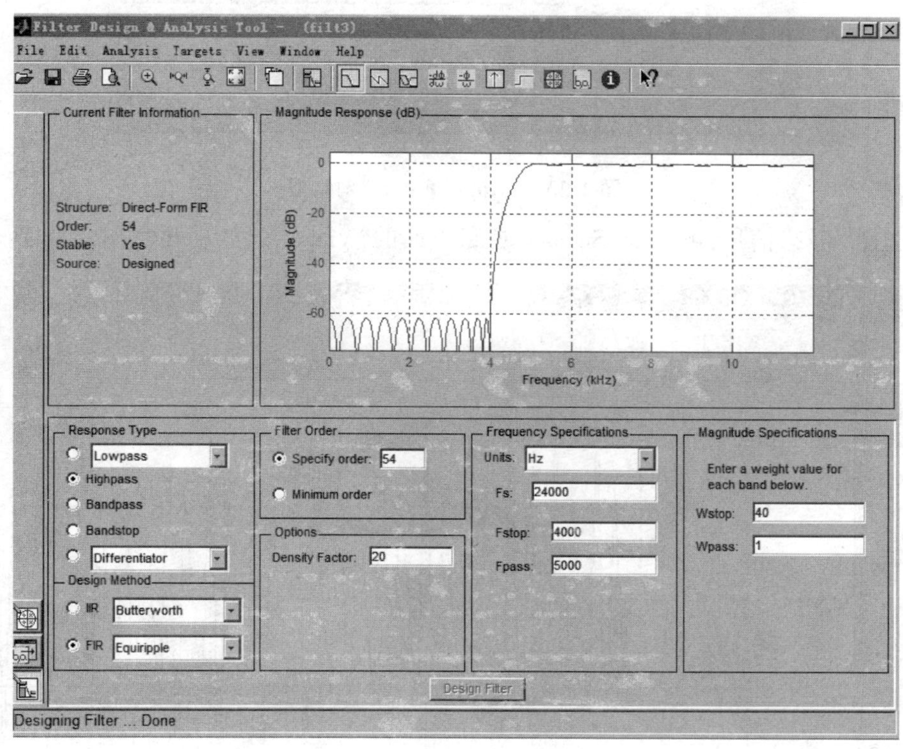

图 2.22　设计结果

(五)检测系统的滤波性能

SPTool 提供的最重要的功能是可以将一个已经存在的信号加在滤波器的输入端,观察其输出信号的波形,从而对系统的滤波性能进行检测。

【例 2-8】　将【例 2-5】导入的信号加在【例 2-7】设计的高通 FIR 滤波器输入端,观察输出信号的时域波形。

解:在 SPTool 界面上进行如下操作:

(1)在“Signals”栏目中选中信号“sig1”。

(2)在“Filters”栏目中选中滤波器“filt1”。

(3)单击“Filters”栏目下方的“Apply”按钮,将弹出图 2.23 所示的对话框。该对话框中的“Algorithm”选项框用于选择滤波器的类型;“Output Signal”选项框用于选择输出信号的名称。

(4)单击“OK”按钮后,会出现另一对话框,询问是否使用选定的信号、滤波器及采样频率进行滤波。此时,单击“Yes”按钮,选项框自动消失,并在“Signals”栏目中出现输出信号(本例中为“sig2”)。

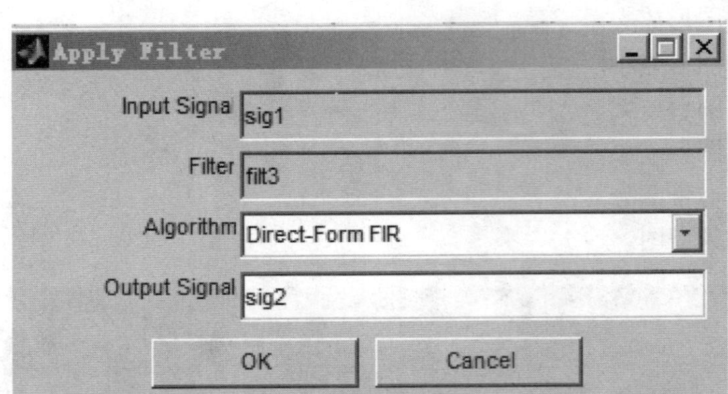

图 2.23 “Apply Filters”对话框

(5)选择“sig2”信号,再单击“Signals”栏目下面的“View”按钮,将显示图 2.24 所示界面。

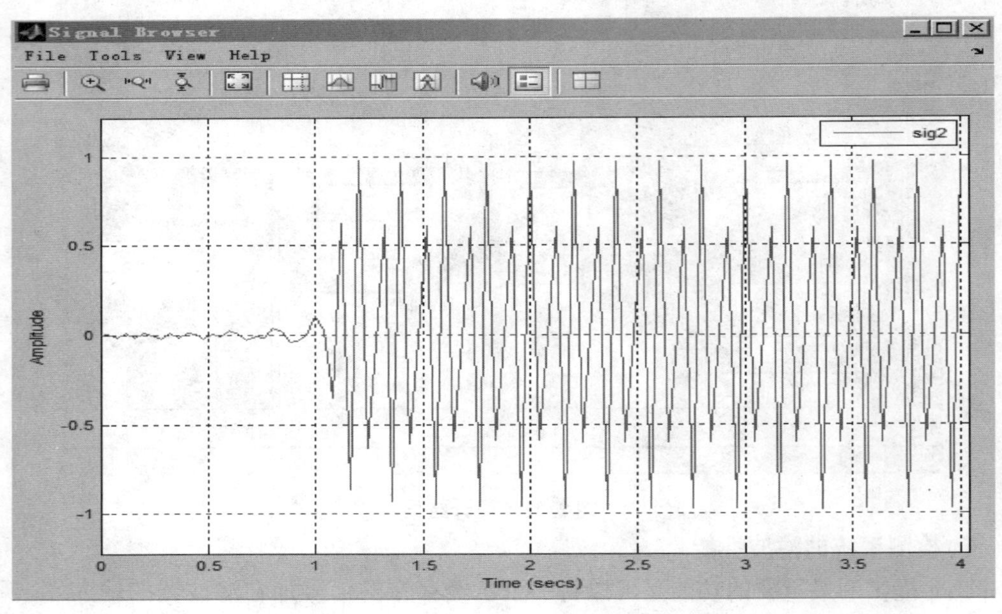

图 2.24 滤波器输出信号 sig2 的时域波形

(六)观察信号的频谱特性

SPTool 除了能在时域对信号波形进行显示外,还提供了在频域显示信号频谱的功能。

【例 2-9】 显示【例 2-8】输入信号 sig1 与输出信号 sig2 的频谱图,由此观察 filt3 的滤波性能。

解:在“Signals”栏目中选中信号“sig1”,然后单击“Spectra”栏下面的“Create”按钮,将出现图 2.25 所示界面。在左边的“Parameters”栏下的“Method”选项框中选择“FFT”,在“Nfft”选项框中选择“1024”,再单击“Apply”按钮,图 2.25 所示界面的右侧将出现频谱图。用主工具栏的相关工具局部放大图形,可以清楚地观察其幅度频谱特性,此时,在 1 kHz、3 kHz 和 10 kHz 处分别有正弦分量存在。

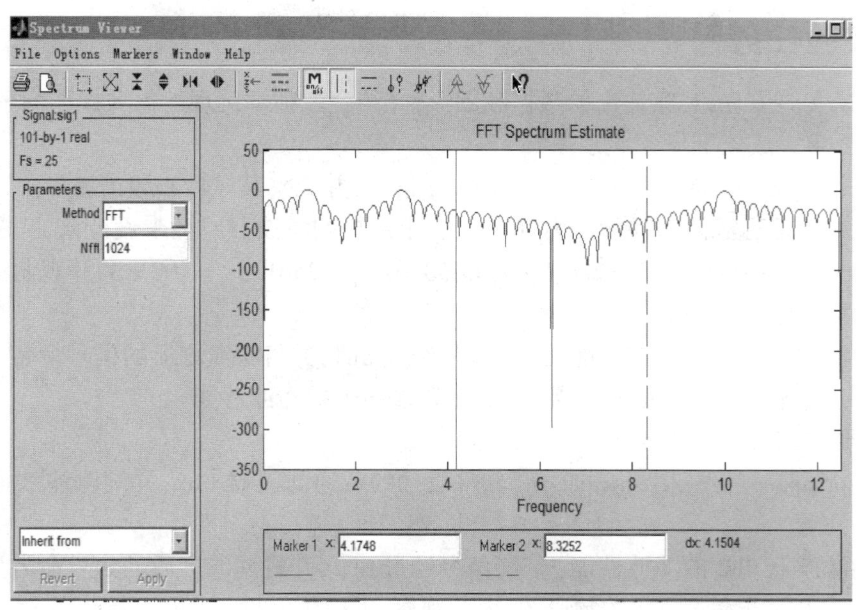

图 2.25　输入信号 sig1 的幅度频谱特性

同理,在“Signals”栏目中选中信号“sig2”,然后单击“Spectra”栏下面的“Create”按钮,将出现图 2.26 所示界面。在左边的“Parameters”栏下的“Method”选项框中选择“FFT”,“Nfft”选项框中选择“1024”,再单击“Apply”按钮,图 2.26 的右侧将出现频谱图。用主工具栏的相关工具局部放大图形,可以清楚地观察其幅度频谱特性。此时,仅在 10 kHz 处有正弦分量存在,1 kHz和 3 kHz 处的正弦分量已被高通滤波器滤除。

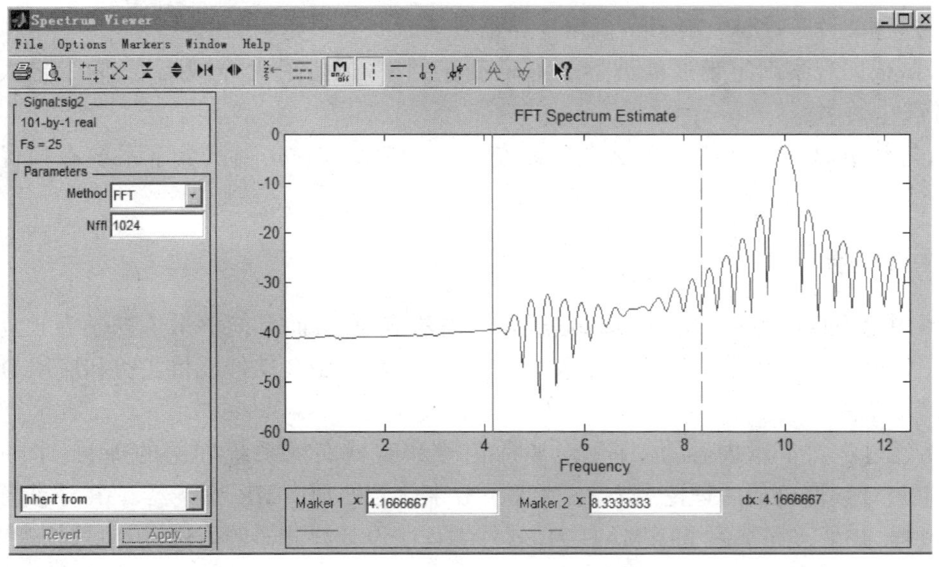

图 2.26　输出信号 sig2 的幅度频谱特性

四、实验任务

(1)阅读实验原理,观察输出的数据和图形,并结合教师举例理解每项操作的意义。

(2)按要求完成以下任务:

①从 Workspace 中导入“shiyan2. m”中的 st 信号,并观察其时域和频谱波形。

②设计一个低通滤波器并命名为“filt1”,要求用椭圆滤波器原型来设计该滤波器,该滤波器阶数 $N=6, F_s=1\ 000$ Hz, $f_p=280$ Hz, $f_s=450$ Hz, $r_p=25$ dB, $r_s=100$ dB,并观测滤波器的幅频特性及相频特性。

③检测滤波器 filt1 的滤波性能(令 st 信号经过 filt1,并将滤波之后的信号命名为“x1t”,显示输入信号 st 与输出信号 x1t 的频谱图,由此观察 filt1 的滤波性能)。

(3)按要求完成以下任务:

①从 Workspace 中导入“shiyan2. m”软件设计的带通滤波器 filt2,并观测滤波器的幅频特性及相频特性等。

②检测滤波器 filt2 的滤波性能(令 st 信号经过 filt2,并将滤波之后的信号命名为“x2t”,显示输入信号 st 与输出信号 x2t 的频谱图,由此观察 filt2 的滤波性能)。

(4)按要求完成以下任务:

①阅读“shiyan2. m”软件设计的高通滤波器,自己设计 filt3,并观测滤波器的幅频特性及相频特性等。

②检测滤波器 filt3 的滤波性能(令 st 信号经过 filt3,并将滤波之后的信号命名为“x3t”,显示输入信号 st 与输出信号 x3t 的频谱图,由此观察 filt3 的滤波性能)。

五、思考题

(1)通过阅读程序,观测波形,确定 3 路信号的载波频率和调制信号频率。

(2)试根据观察确定带通滤波器的通带截止频率、通带最大衰减幅度、阻带最大衰减幅度、阻带截止频率。

(3)与利用 MATLAB 编程测试数字系统相比,利用 SPTool 测试数字系统有何优越性和缺陷?

本章小结

本章内容不仅能帮助学习者深入理解和消化基本理论,而且能够锻炼初学者独立分析和解决问题的能力。结合学生的实际需求,本章设计了 MATLAB 软件上机实验和应用 DSP 实验箱软硬结合实验。

学生通过学习本章内容,加深了对离散信号和时域离散系统理论的理解,掌握了利用 DFT、FFT 进行频谱分析的理论及方法,掌握了数字信号处理中 IIR 滤波器、FIR 滤波器的设计方法和过程,并了解和掌握了用 MATLAB 软件编程法设计滤波器的方法,用信号处理工具 SPTool 设计和测试数字系统、滤波器的方法,初步认识了利用 DSP 实验箱,软硬结合实现滤波等功能的方法。

第三章

通信原理实验

第一节　通信原理实验平台主要模块介绍

本实验平台采用模块化设计，主要由标配模块和选配模块组成。

下面主要介绍通信原理实验平台中的 9 个标配模块，以便了解各模块的具体功能及作用。标配模块包括：

(1)主控 & 信号源模块；

(2)2 号模块——数字终端 & 时分多址模块；

(3)3 号模块——信源编译码模块；

(4)6 号模块——信道编译码模块；

(5)7 号模块——时分复用 & 时分交换模块；

(6)8 号模块——基带传输编译码模块；

(7)9 号模块——数字调制解调模块；

(8)13 号模块——载波同步及位同步模块；

(9)21 号模块——PCM 编译码及语音终端模块。

说明：通信原理实验平台中的标配模块比较多。这里仅对实验中常用的相关模块进行说明，其他标配模块暂不介绍。

一、主控 & 信号源模块

(一)按键及接口说明

主控 & 信号源模块主要有时钟输出、PN 序列输出、帧同步信号输出、待扩展接口、幅度调节旋钮、模拟信号输出等，按键及接口位置如图 3.1 所示。

(二)功能说明

该模块可以完成 5 种菜单功能的设置，具体设置方法如下。

1. “模拟信号源”菜单功能

先按“信号源”键进入“模拟信号源”菜单，然后可在该菜单下按“选择/确定”按钮依次进行设置：“输出波形”→“输出频率”→“调节步进”→“音乐输出”→“占空比”(只有在输出方波模式下才出现)；在设置状态下，选择“选择/确认”按钮来设置参数，菜单示意如图 3.2 所示。

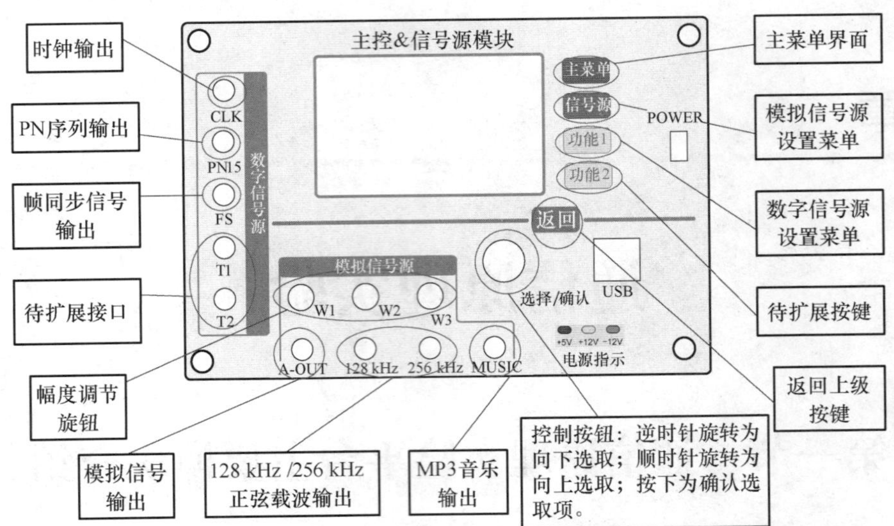

图 3.1　主控 & 信号源模块的按键及接口说明

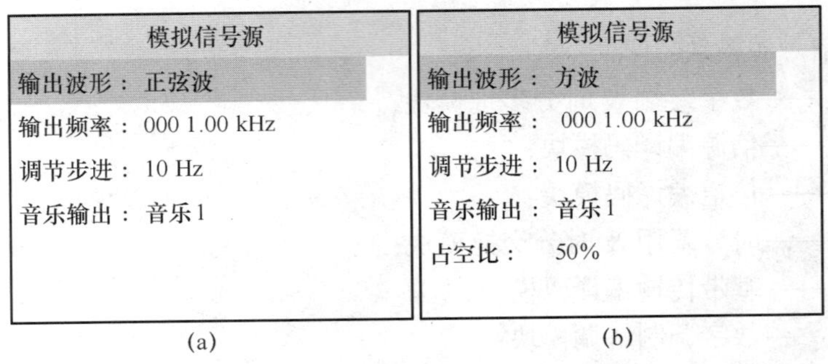

图 3.2　“模拟信号源”菜单示意

(a)输出正弦波时没有“占空比”选项；(b)输出方波时有“占空比”选项

注意：上述设置是有顺序的。例如，从“输出波形”设置切换到“音乐输出”需要按 3 次“选择/确认”按钮。

下面分别对每种设置进行详细说明：

(1)“输出波形”设置。该设置一共有 6 种波形可以选择，分别是：

①正弦波：输出频率为 10 Hz～2 MHz。

②方波：输出频率为 10 Hz～200 kHz。

③三角波：输出频率为 10 Hz～200 kHz。

④DSBFC(全载波双边带调幅)：将正弦波作为载波，将音乐信号作为调制信号，输出全载波双边带调幅。

⑤DSBSC(抑制载波双边带调幅)：将正弦波作为载波，将音乐信号作为调制信号，输出抑制载波双边带调幅。

⑥FM：载波频率固定为 20 kHz，将音乐信号作为调制信号。

(2)“输出频率”设置。顺时针旋转“选择/确认”按钮可以增大频率,逆时针旋转可以减小频率。频率增大或减小的步进值根据“调节步进”参数确定。

输出波形 DSBFC 和 DSBSC 时,设置的是调幅信号载波的频率;输出波形 FM 时,设置频率对输出信号无影响。

(3)“调节步进”设置。顺时针旋转“选择/确认”按钮可以增大步进,逆时针旋转可以减小步进。步进分为10 Hz、100 Hz、1 kHz、10 kHz、100 kHz 5 挡。

(4)“音乐输出”设置。设置“MUSIC”端口输出信号的类型。有 3 种信号输出,分别是音乐 1、音乐 2 和 3 kHz +1 kHz 正弦合成波。

(5)“占空比”设置。顺时针旋转“选择/确认”按钮可以增大占空比,逆时针旋转可以减小占空比。占空比调节范围为 10% ~90% ,以 10% 为步进调节。

2.“数字信号源”功能

按“功能 1”按键进入“数字信号源”菜单,在该菜单下按“选择/确认”按钮可以设置“PN 输出频率”和“FS 输出”。“数字信号源”菜单示意如图 3.3 所示。

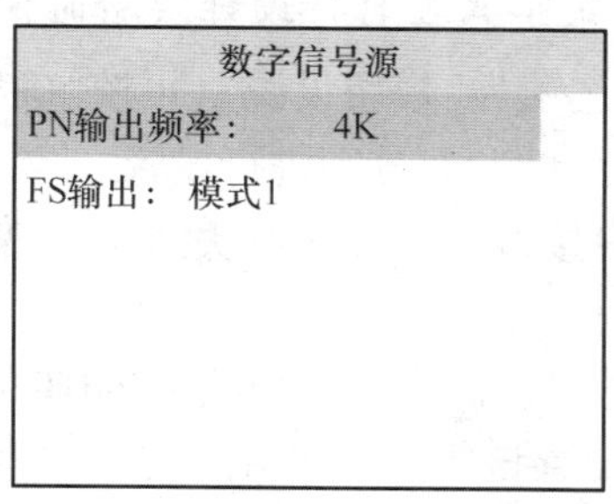

图 3.3　“数字信号源”菜单示意

(1)“PN 输出频率”设置。设置“CLK”端口的频率及“PN”端口的码速率。频率范围为 1 ~2 048kHz。

(2)“FS 输出”设置。设置“FS”端口输出帧同步信号的模式:

模式 1:帧同步信号保持 8 kHz 的频率不变;帧同步的脉宽为 CLK 的 1 个时钟周期(要求 PN 输出频率不小于 16 kHz)。该模式主要用于 PCM、ADPCM 编译码帧同步及时分复用实验。

模式 2:帧同步的周期为 8 个 CLK 时钟周期;帧同步的脉宽为 CLK 的 1 个时钟周期。该模式主要用于汉明码编译码实验。

模式 3:帧同步的周期为 15 个 CLK 时钟周期;帧同步的脉宽为 CLK 的 1 个时钟周期。该模式主要用于 BCH 编译码实验。

3.“通信原理实验”菜单功能

按“主菜单”按键后的第 1 个选项为“通信原理实验”,再按“确定”按键进入各实验菜单,如图 3.4所示。

进入“通信原理实验”菜单后,逆时针旋转“选择/确认”按钮光标会向下走,顺时针旋转“选择/确认”按钮光标会向上走。按下“选择/确认”按钮时,会设置光标所在实验的功能。有的实验会跳转到下级菜单,有的则没有下级菜单,没有下级菜单的会在实验名称前标记“√”符号。

主菜单
1 通信原理实验
2 模块设置
3 系统升级

(a)

通信原理实验
1 抽样定理
2 PCM编码
3 ADPCM编码
4 Δm及CVSD编译码
5 ASK数字调制解调
6 FSK数字调制解调

(b)

图3.4 "通信原理实验"菜单

(a)主菜单;(b)"通信原理实验"菜单

在选中某个实验时,主控模块会向实验涉及的模块发出命令。因此,这些模块需要开启电源,否则,设置会失败。实验具体需要哪些模块,在实验步骤中均有说明,详见具体实验。

4."模块设置"菜单功能(该菜单只在自行设计实验时使用)

按"主菜单"按键后的第2个选项为"模块设置",再按"确定"按键进入模块设置菜单。在"模块设置"菜单中可以对各个模块的参数分别进行设置。

(1)1号——语音终端&用户接口。设置该模块两路PCM编译码模块的编译码规则:是A律还是μ律。

(2)2号——数字终端&时分多址。设置该模块BSOUT的时钟频率。

(3)3号——信源编译码。设置该模块FPGA工作于"PCM编译码""ADPCM编译码""LDM编译码""CVSD编译码""FIR滤波器""IIR滤波器""反SINC滤波器"等功能。由于模块的端口会在不同功能下有不同用途,下面分别对每种功能进行说明。

①PCM编译码。由FPGA完成PCM编译码,同时完成PCM编码A/μ律或μ/A律转换。其子菜单还能够设置PCM编译码A/μ律及A/μ律转换的方式。端口功能如下:

编码时钟:输入编码时钟。

编码帧同步:输入编码帧同步。

编码输入:输入编码的音频信号。

编码输出:输出编码信号。

译码时钟:输入译码时钟。

译码帧同步:输入译码帧同步。

译码输入:输入译码的PCM信号。

译码输出:输出译码的音频信号。

A/μ-In:A/μ律转换输入端口。

A/μ-Out:A/μ律转换输出端口。

②ADPCM编译码。由FPGA负责ADPCM编译码,ADPCM编译码端口功能和PCM编译码一样。

③LDM编译码。由FPGA负责简单增量调制编译码,除了"编码帧同步"功能和"译码帧同步"功能是没用到的(LDM编译码不需要帧同步),其他端口功能与PCM编译码一样。

④CVSD 编译码。由 FPGA 负责 CVSD 编译码,除了"编码帧同步"功能和"译码帧同步"功能是没用到的(CVSD 编译码不需要帧同步),其他端口功能与 PCM 编译码一样。

⑤FIR 滤波器。由 FPGA 负责设计 FIR 滤波器(采用 100 阶汉明窗设计,截止频率为 3 kHz)。该功能主要用于抽样信号的恢复。端口说明如下:

编码输入:FIR 滤波器输入口。

译码输出:FIR 滤波器输出口。

⑥IIR 滤波器。由 FPGA 完成 IIR 滤波器功能(采用 8 阶椭圆滤波器设计,截止频率为 3 kHz)。该功能主要用于抽样信号的恢复。端口与 FIR 滤波器相同。

⑦反 SINC 滤波器。由 FPGA 完成反 SINC 数字低通滤波器。该功能主要用于消除抽样的孔径效应。端口与 FIR 滤波器相同。

5. 系统升级

此选项在模块内部程序升级时使用。

(三)注意事项

(1)实验开始时要将所需模块固定在实验箱上,并确定接触良好,否则菜单无法设置成功。

(2)信号源设置中,模拟信号源输出步进可调节,便于不同频率变化调节。

二、2 号模块——数字终端 & 时分复用模块

(一)模块简介

数字终端 & 时分复用模块适用于数字信号的传输。由于信道的位传输率超过每路信号的数据传输率,因此可将信道按时间分成若干片段轮换地给多个信号使用。每个时间片段都由复用的一个信号单独占用,在规定的时间内,多个数字信号都可按要求传输到达,从而也实现了在一条物理信道上传输多个数字信号,该模块框图如图 3.5 所示。

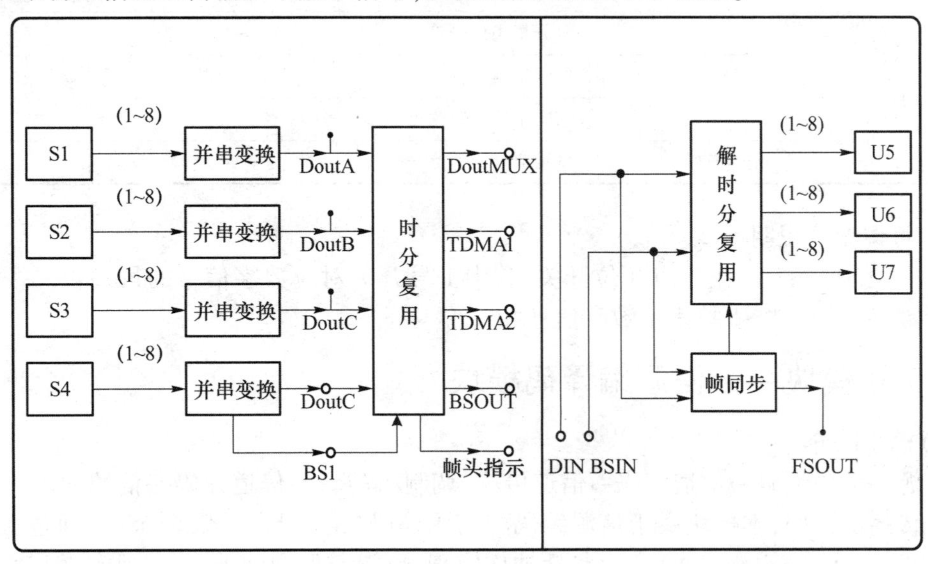

图 3.5　数字终端 & 时分复用模块

(二)模块功能说明

1. 时分复用

通过拨码开关设置4组数字信号源(S1、S2、S3、S4)的数据,任选1组设置为帧同步码"01110010",将其他3组设置为易于观察的数据。4组数据分别经过并串变换后进入CPLD即完成时分复用。

2. 解时分复用

将时分复用后的信号输入解时分复用模块,同时加载一个帧同步信号就可得到解复用的信号,通过3组LED行阵显示除帧同步码的数字信号。

(三)端口说明

2号模块的端口主要分为两类:一类是时分复用端口;另一类是解复用端口。对应端口功能如表3.1所示。

表3.1 2号模块端口

模块	端口名称	端口功能
时分复用	S1 ~ S4	数字信号拨码输入
	U1 ~ U4	显示对应的数字输入信号
	DoutA ~ DoutC	对应数字信号观测点
	DoutD	对应数字信号观测点/8位数字信号输出
	BS1	位同步时钟信号输入
	DoutMUX	时分复用输出(DoutA、DoutB、DoutC、DoutD)
	TDMA1	时分复用输出(01110010、00110011、DoutA、DoutB)
	TDMA2	时分复用输出(01110010、01010101、DoutC、DoutD)
	BSOUT	位同步信号输出
	帧头指示	帧头指示信号(仅用于信道编码时的辅助观测)
解时分复用	DIN	时分复用信号输入
	BSIN	位同步信号输入
	FSOUT	帧同步信号观测点
	U5 ~ U7	显示解复用的信号

(四)可调参数说明

拨码开关S1 ~ S4:每组都有8位开关,其中1号开关对应数字信号的最高位。拨码开关上拨表示数字信号"1",下拨表示数字信号"0"。

三、3号模块——信源编译码模块

(一)模块简介

在信源→信源编码→信道编码→信道传输(调制/解调)→信道译码→信源译码→新宿的整个信号传播链路中,本模块属于信源编码与信源译码(A/D与D/A)环节,其通过ALTERA公司的FPGA(EP2C5T144C8N)完成包括抽样定理、抗混叠低通滤波、A/μ律转换、PCM编译码、ΔM&CVSD编译码的功能与应用,帮助实验者学习并理解信源编译码的概念和具体过程,并可用于二次开发。信源编译码模块框图如图 3.6 所示。

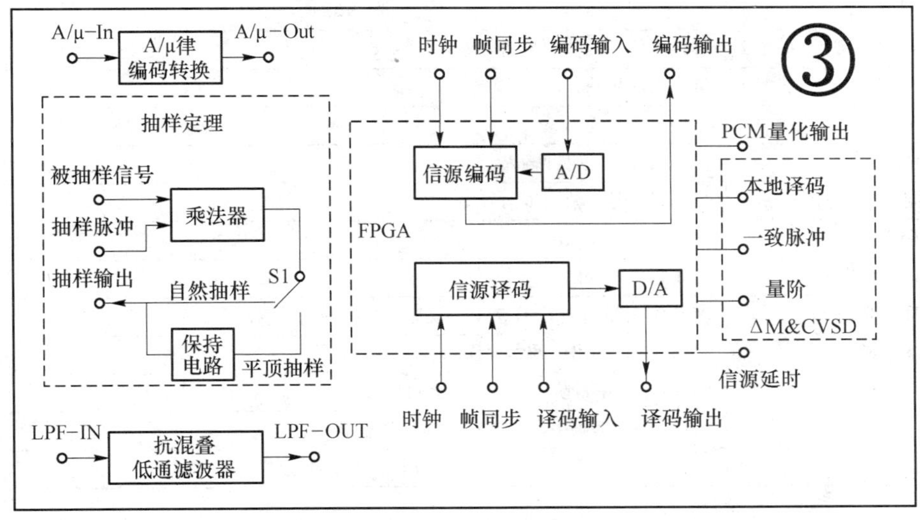

图 3.6　信源编译码模块框图

(二)模块功能说明

(1)抽样定理。被抽样信号与抽样脉冲相乘所得的信号可以选择是否经过保持电路,以输出自然抽样或平顶抽样。

(2)抗混叠低通滤波。抗混叠滤波器为 3.4 kHz 的 8 阶巴特沃斯低通滤波器,可用于抽样信号的恢复及信源编码的前置抗混滤波。

(3)A/μ 律转换。针对不同的应用需求,本模块提供 A 律与 μ 律的转换。

(4)PCM 编译码。编码输入信号默认采用本模块抽样输出信号,也可以二次开发采用外部信号,同时提供时钟脉冲与帧同步信号,即可实现译码端的信号输出。

(5)ΔM&CVSD 编译码。增量调制编译码功能提供本地译码、一致脉冲以及量阶调整的信号引出观测,以方便实验者了解并掌握增量调制的具体过程。

(三)端口说明

3 号模块的端口及对应说明如表 3.2 所示。

表 3.2　3 号模块的端口

端口名称	说明
S3	模块总开关
被抽样信号	可输入信号源的正弦波信号
抽样脉冲	输入信号源的方波信号
S1	保持电路切换开关,实现自然抽样/平顶抽样
抽样输出	输出抽样后信号
LPF - IN	抗混叠低通滤波器输入
LPF - OUT	抗混叠低通滤波器输出
A/μ - In	A 律或 μ 律输入
A/μ - Out	μ 律或 A 律输出
时钟(编码)	待编码信号的时钟输入

续表

端口名称	说明
帧同步(编码)	待编码信号的帧同步信号输入
编码输入	待编码信号输入
编码输出	已编码信号输出
时钟(译码)	待译码信号的时钟输入
帧同步(译码)	待译码信号的帧同步信号输入
译码输入	待译码信号输入
译码输出	已译码信号输出
PCM 量化输出	PCM 编码输出之后,G.711 协议变换之前的信号输出
本地译码	ΔM&CVSD 编码中的本地译码器输出
一致脉冲	CVSD 编码中量阶调整时的一致脉冲输出
量阶	ΔM&CVSD 编码中量阶调整时的量阶输出
信源延时	ΔM&CVSD 编码之前的信源延时输出,供辅助观测

(四)可调参数说明

S1 开关:可切换自然抽样/平顶抽样。

四、6 号模块——信道编译码模块

(一)模块简介

数字信号在传输中往往会因各种原因在传送的数据流中产生误码,从而使接收端出现图像跳跃、不连续、马赛克等现象。所以通过信道编码这一环节,对数码流进行相应的处理,使系统具有一定的纠错能力和抗干扰能力,可极大地避免码流传送中误码的发生,这就使得信道编译码过程显得尤为重要。信道编译码模块框图如图 3.7 所示。

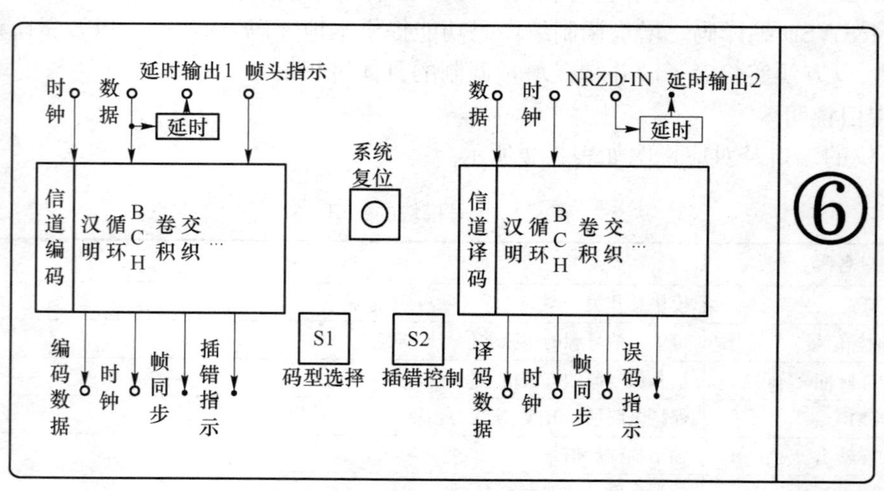

图 3.7　信道编译码模块框图

(二)模块功能说明

(1)汉明码。汉明码利用了奇偶校验位的概念,通过在数据位后面增加一些比特,不仅可以验证数据是否有效,还能在数据出错的情况下指明错误位置。

(2)循环码。循环码是具有某种循环特性的线性分组码。每位代码无固定权值,任何相邻的两个码组中,仅有一位代码不同。

(3)BCH码。BCH码解决了生成多项式与纠错能力的关系问题,可以在给定纠错能力要求的条件下寻找到码的生成多项式。

(4)卷积码。卷积码是一种非分组码,通常适用于前向纠错。

(5)交织码。交织编码的目的是把一个较长的突发差错离散成随机差错,以改善移动通信的传输特性。

(三)端口说明

6号模块的端口分为编码端口、译码端口和系统端口3类,表3.3给出了各端口名称及其对应的说明。

表3.3　6号模块的端口

端口	端口名称	端口说明
编码	时钟	编码时钟输入
	数据	数据输入
	编码数据	编码数据输出
	时钟	编码时钟输出
	帧头指示	帧头指示信号观测点
	延时输出1	延时输出信号观测点
	帧同步	帧同步信号观测点
	插错指示	插错指示观测点
译码	数据	数据输入
	时钟	译码时钟输入
	译码数据	译码数据输出
	时钟	译码时钟输出
	帧同步	帧同步信号输出
	NRZD－IN	延时输入
	延时输出2	延时输出信号观测点
	误码指示	误码指示观测点
系统	系统复位	系统复位按键
	码型选择	码型选择4位拨码开关
	插错控制	插错控制4位拨码开关

(四)可调参数说明

(1)拨码开关S1的码型选择说明如表3.4所示。

表3.4　S1的码型选择说明

码型	汉明	循环	BCH	卷积编码	卷积译码	卷积编码＋交织	卷积译码＋解交织
编码	0001	0010	0011	0100	0101	1100	1101

(2)拨码开关 S2 的插错控制说明。在不同的码型下,S2 的功能有所不同,如表 3.5、表 3.6 和表 3.7 所示。

表 3.5　S2 的功能(汉明 & 循环)

编码	0000	0001	0010	0011	0100
插错	无错	单个错	两个错	3 个错 模式 1	3 个错 模式 2

表 3.6　S2 的功能(BCH)

编码	0000	0001	0010	0011	0100	0101	0110	0111	1000
插错	无错	单个错	两个错	3 个错	4 个错	5 个错	6 个错	7 个错 模式 1	7 个错 模式 2

表 3.7　S2 的功能(卷积 & 交织)

编码	0000	0001	0010
插错	无错	突发错	连续错

五、7 号模块——时分复用 & 时分交换模块

(一)模块简介

复用是通信系统中较为重要的一个环节,复用的目的是实现多路信号在同一信道上传输以达到减少占用资源的目的。其主要应用于信道编码与基带传输编码中间,将物理信道分为一个个物理碎片,周期性地利用某一时隙,最后将其组合起来,形成一个完整的信号;时分交换是时分复用的一个过程,而时分复用模块与时分交换模块还可应用于程控交换通信系统。时分复用 & 时分交换模块框图如图 3.8 所示。

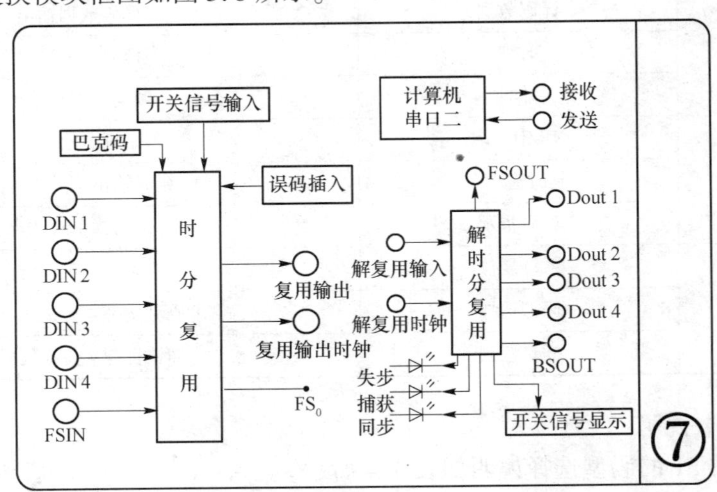

图 3.8　时分复用 & 时分交换模块框图

(二)模块功能说明

1. 时分复用

当复用输出的模式为 256 kHz 时,只用来观测 3 路帧同步(即时隙 0、时隙 1 和时隙 2,而

这3路信号是对应的巴克码、DIN1 和 DIN2 的接收数据)。此时,开关信号在3时隙。由于256 kHz模式复用只能提供4个时隙。因此,DIN3 和 DIN4 在256 kHz复用模式下是无效的。

若模式为2 048 kHz(速率为2Mb/s的E1传输),则巴克码、DIN1、DIN2、DIN3和DIN4分别在0～4时隙。此时,开关信号默认在第5时隙,但其所在时隙可以由主控模块进行设置。

2. 解时分复用

解时分复用与时分复用是相对应的,用于基带传输编译码与先到译码模块之间,把配置在分立周期间隔上的时分复用信号解开,在解复用输入与解复用时钟输入处接入信号,最后由Dout1～Dout4整理输出,与复用时的输入DIN1～DIN4始终相互对应。

3. 计算机串口2

计算机串口2就是与计算机连接的一个接口,为RS232串口。当电平为1时,将输入±15 V的电压转换为TTL电平;当电平为0时,将-15 V的电压转换为0 V。

(三)端口说明

7号模块的端口主要分为两类:一类是时分复用端口;另一类是解时分复用端口。对应端口功能如表3.8所示。

表3.8　7号模块的端口

端口	端口名称	端口说明
时分复用	开关信号输入	输入电平信号
	巴克码	内部自己给的,复用时放在0时隙(01110010)
	误码插入	在做帧同步实验时进行误码的插入
	DIN1	复用时放于第1时隙
	DIN2	复用时放于第2时隙
	DIN3	复用时放于第3时隙
	DIN4	复用时放于第4时隙
	FSIN	固定信号源,FS端口;与PCM编码数据对齐
	复用输出	输出复用后信号
	复用输出时钟	输出复用后时钟信号
	FS_0	第0时隙帧同步信号
解时分复用	解复用输入	输入复用信号
	解复用时钟	输入复用时钟信号
	FSOUT	为解复用模块提取帧同步,主要用于PCM译码
	Dout1	解复用时调整输出第1时隙
	Dout2	解复用时调整输出第2时隙
	Dout3	解复用时调整输出第3时隙
	Dout4	解复用时调整输出第4时隙
	BSOUT	为解复用模块提取位同步
	开关信号显示	将开关信号显示于光条上
计算机串口2	接收	电压接入
	发送	电压输出

(四)可调参数说明

(1)开关信号输入。其是由一组 8 键 2 电平的拨码开关构成的,相应电平的选择即相应模式。

(2)开关信号显示。其是由 8 个发光 2 极管构成的,其中灯亮为高电平 1,灯灭为低电平 0。

(3)误码插入。在做帧同步实验时进行误码的插入,其中有两种插入方式,1 是"短按",即插入单次误码;2 是"长按",即插入多次误码。

六、8 号模块——基带传输编译码模块

(一)模块简介

基带传输是一种不搬移基带信号频谱的传输方式,在线路中直接传送数字信号的电脉冲。未对载波调制的待传信号称为基带信号,它所占的频带称为基带,基带的高限频率与低限频率之比通常远大于 1。其一般用于工业生产中,模式为:服务器→终端。其在 ISO 中属于物理层设备。这是一种最简单的传输方式,近距离通信的局域网都采用基带传输。基带传输编译码模块框图如图 3.9 所示。

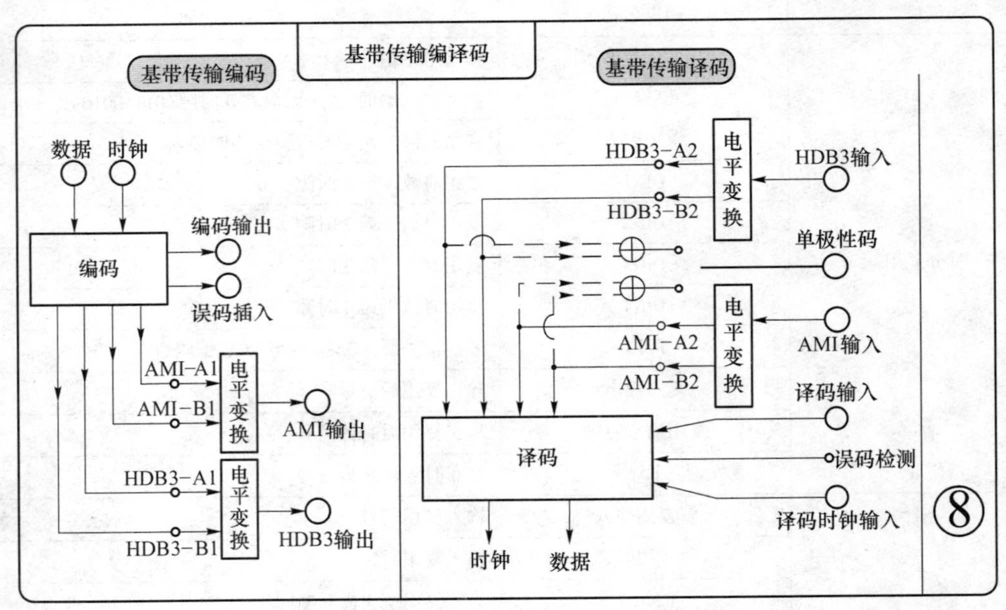

图 3.9 基带传输编译码模块框图

(二)模块功能说明

1. 基带传输编码

基带传输编码用于完成 AMI、HDB3、CMI、BPH 等基带传输码型的编码工作。其中,误码插入功能可以验证基带传输编码是否具有误码告警的能力。

2. 基带传输译码

基带传输译码用于完成 AMI、HDB3、CMI、BPH 等基带码型的译码工作。其中,由于 AMI

及 HDB3 是 3 极性码,故在 FPGA 译码前需要加入电平反变换功能。

(三)端口说明

8 号模块的端口主要分为两类:一类是基带传输编码端口;另一类是基带传输译码端口。对应端口功能如表 3.9 所示。

表 3.9　8 号模块的端口

端口	端口名称	端口说明
基带传输编码	数据	数据信号输入
	时钟	时钟信号输入
	编码输出	编码信号输出
	误码插入	误码数据插入观测点,指示编码端错误
	AMI - A1	AMI - A1 信号编码后波形观测点
	AMI - B1	AMI - B1 信号编码后波形观测点
	AMI 输出	AMI 信号编码后输出
	HDB3 - A1	HDB3 - A1 信号编码后波形观测点
	HDB3 - B1	HDB3 - B1 信号编码后波形观测点
	HDB3 输出	HDB3 信号编码后输出
基带传输译码	HDB3 输入	HDB3 编码后的信号输入
	HDB3 - A2	HDB3 - A2 电平变换后波形观测点
	HDB3 - B2	HDB3 - B2 电平变换后波形观测点
	单极性码	单极性码输出
	AMI 输入	AMI 编码后的信号输入
	AMI - A2	AMI - A2 电平变换后波形观测点
	AMI - B2	AMI - B2 电平变换后波形观测点
	译码输入	译码信号输入
	译码时钟输入	译码时钟信号输入
	误码检测	检测插入的误码
	时钟	译码后时钟信号输出
	数据	译码后数据信号输出

七、9 号模块——数字调制解调模块

(一)模块简介

在信源→信源编码→信道编码→信道传输(调制/解调)→信道译码→信源译码→信宿的整个信号传播链路中,本模块的功能是数字调制解调,通过 CPLD 完成 ASK、FSK、BPSK/DBPSK 的调制解调实验,帮助实验者学习并理解数字调制解调的概念和具体过程,同时也可分别单独用于二次开发。数字调制解调模块框图如图 3.10 所示。

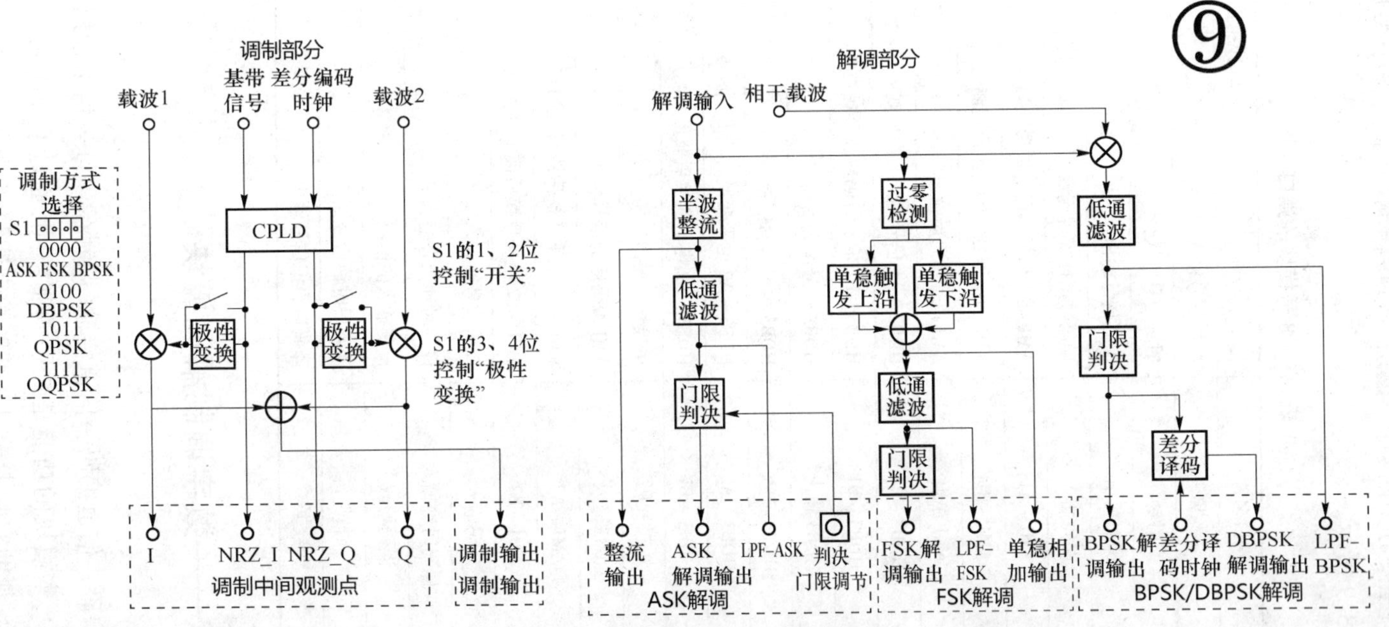

图 3.10 数字调制解调模块框图

(二)模块功能说明

1. 调制方式说明

本模块可以支持 ASK/FSK/BPSK/DBPSK/QPSK/OQPSK。其中,调制方式与载波频率对应情况如表 3.10 所示。

表 3.10　调制方式与载波频率对应情况

调制方式＼载波	载波 1	载波 2
ASK	128 kHz	无
FSK	256 kHz	128 kHz
其他	256 kHz	256 kHz

2. 调制部分

所有调制方式的待调制的基带信号、时钟以及载波统一在此部分对应端口输入/输出。

3. 调制中间观测点部分

此部分可观测到调制过程产生的 NRZ_I、NRZ_Q 以及 I、Q 信号。

4. 解调部分

所有待解调信号以及相干载波统一在此部分对应端口输入。

(1) ASK 解调输出部分的观测点包括整流输出、低通滤波输出和门限调节。

(2) FSK 解调输出部分的观测点包括单稳相加输出和低通滤波输出。

(3) BPSK/DBPSK 解调输出部分的观测点为低通滤波输出。待其输出 BPSK 解调信号(可观测)后还可以继续通过差分译码(需差分译码时钟输入)得到 DBPSK 相干解调输出。

(三)端口说明

9 号模块的端口分类及说明如表 3.11 所示。

表 3.11　9 号模块的端口

端口名称		说明
总开关	S2	模块总开关
调制部分	基带信号	输入待调制的信号源
	差分编码时钟	输入差分编码时钟
	载波 1	输入 1 号载波
	载波 2	输入 2 号载波
	调制输出	调制信号输出端口
调制中间观测点	NRZ_I	调制过程 NRZ_I 分量输出
	NRZ_Q	调制过程 NRZ_Q 分量输出
	I	NRZ_I 与载波 1 相乘所得 I 信号观测点
	Q	NRZ_Q 与载波 2 相乘所得 Q 信号观测点
解调部分	解调输入	输入调制信号
	相干载波	输入相干载波信号

续表

端口名称		说明
ASK 解调	整流输出	半波整流后的输出观测点
	LPF－ASK	低通滤波后的输出观测点
	ASK 解调输出	ASK 解调输出端口
	判决门限调节	调节门限判决的门限值
FSK 解调	单稳相加输出	单稳触发上下沿相加所得输出
	LPF－FSK	低通滤波后的输出观测点
	FSK 解调输出	FSK 解调输出端口
BPSK/DBPSK 解调	LPF－BPSK	低通滤波后的输出观测点
	BPSK 解调输出	BPSK 解调输出端口
	差分译码时钟	输入差分译码时钟信号
	DBPSK 解调输出	DBPSK 解调输出端口

(四)可调参数说明

(1)S1:通过 S1 拨码开关选择 0000ASK/FSK/BPSK、0100DBPSK、1011QPSK、1111OQPSK。

(2)W1:通过 W1 调节门限判决的门限值。

八、13 号模块——载波同步及位同步模块

(一)模块简介

同步是通信系统中一个重要的实际问题。当采用同步解调或相干检测时,接收端需要提供一个与发射端调制载波同频同相的相干载波,这就需要载波同步;在最佳接收机结构中,需要对积分器或匹配滤波器的输出信号进行抽样判决。接收端必须产生一个用作抽样判决的定时脉冲序列,它和接收码元的终止时刻应对齐。这就需要位同步。载波同步及位同步模块框图如图 3.11 所示。

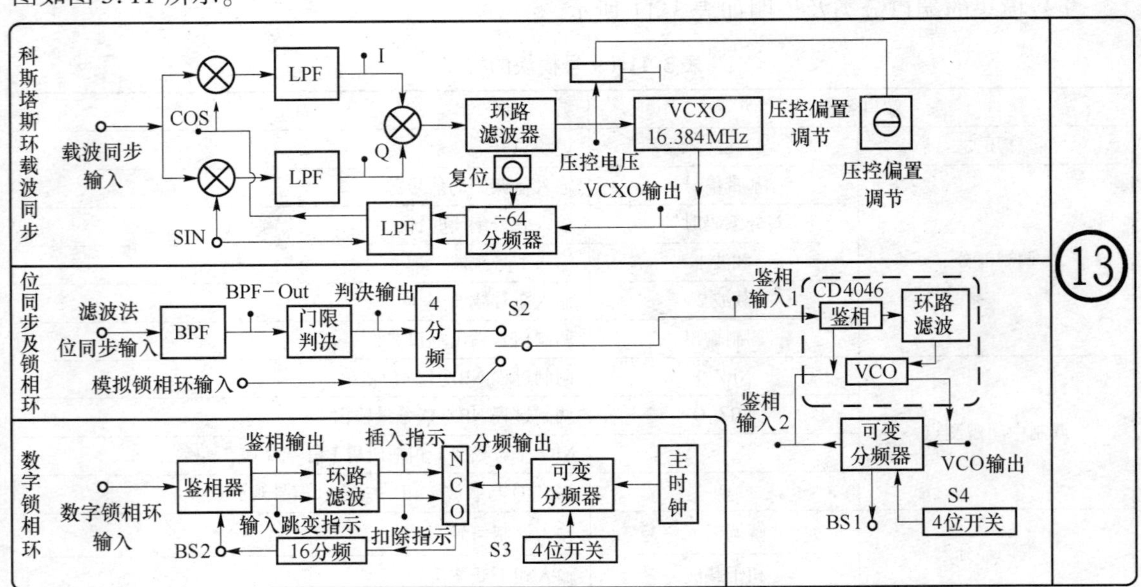

图 3.11　载波同步及位同步模块框图

(二)模块功能说明

1. 科斯塔斯环载波同步

在科斯塔斯环载波同步模块中,压控振荡器输出信号供给一路相乘器,压控振荡器输出信号经90°移相后供给另一路。两者相乘以后可以消除调制信号的影响,经环路滤波器得到仅与压控振荡器输出信号和理想载波信号之间相位差有关的控制电压,从而准确地对压控振荡器进行调整,恢复出原始的载波信号。

2. 位同步及锁相环

在位同步模块中,信号经一个窄带滤波器,滤出同步信号分量,通过门限判决和4分频后提取位同步信号;在锁相环模块中,需在接收端利用锁相环电路比较接收码元和本地产生的位同步信号的相位,并对位同步信号的相位作出调整以获得准确的位同步信号。

3. 数字锁相环

压控振荡器的频率变化,会引起相位的变化,在鉴相器中与参考相位比较,输出一个与相位误差信号成比例的误差电压,再经过低通滤波器,取出其中缓慢变动的数值,将压控振荡器的输出频率拉回到稳定的值上来,从而实现相位稳定。

(三)端口说明

13号模块的端口及其说明如表3.12所示。

表3.12　13号模块的端口

模块	端口名称	端口说明
科斯塔斯环载波同步	载波同步输入	载波同步信号输入
	COS	余弦信号观测点
	SIN	正弦信号输入
	I	信号和π/2相载波相乘滤波后的波形观测点
	Q	信号和0相载波相乘滤波后的波形观测点
	压控电压	误差电压观测点
	VCXO	压控晶振输出
	复位	分频器重定开关
	压控偏置调节	压控偏置电压调节
位同步及锁相环	滤波法位同步输入	滤波法位同步基带信号输入
	模拟锁相环输入	模拟锁相环信号输入
	S2	位同步方法选择开关
	鉴相输入1	接收位同步信号观测点
	鉴相输入2	本地位元元同步信号观测点
	VCO输出	压控振荡器输出信号观测点
	BS1	合成频率信号输出
	分频设置	设置分频频率

续表

模块	端口名称	端口说明
数字锁相环	数字锁相环输入	数字锁相环信号输入
	BS2	分频信号输出
	鉴相输出	输出鉴相信号观测点
	输入跳变指示	信号跳变观测点
	插入指示	插入信号观测点
	扣除指示	扣除信号观测点
	分频输出	时钟分频信号观测点
	分频设置	设置分频频率

(四)可调参数说明

(1)S2:向上拨动,选择滤波法位同步电路;向下拨动,选择锁相环频率合成电路。

(2)压控偏置调节:调节压控偏置电压。

(3)分频设置:设置分频频率,“0000”输出 4 096 kHz 频率,“0011”输出 512 kHz 频率,“0100”输出 256 kHz 频率,“0111”输出 32 kHz 频率。

九、21 号模块——PCM 编译码及语音终端模块

(一)模块简介

在通信原理实验中,语音信号的编译码过程十分重要。整个通话过程就是一个最基本的数字通信过程,在实际生活中具有广泛的应用。该模块采用 PCM 编译码专用集成芯片 W681512 完成信源编译码功能,并提供了耳机和话筒的接口,同时融入了扬声器。模块框图如图 3.12 所示。

(二)模块功能说明

1. PCM 编译码单元(W681512 集成芯片)

其包含有 PCM 编码及译码功能,可通过开关切换 A 律或 μ 律编译码方式。

2. 话筒接口单元

通过话筒接口单元,可将耳麦的话筒端接入话筒接口,从而将话音信号送入实验传输系统。

3. 耳机接口单元

通过耳机接口单元可将耳麦的耳机端接至耳机接口,反馈实验传输系统中的话音信号。

4. 扬声器单元

其作用是将模拟语音信号经功放送入扬声器播放。

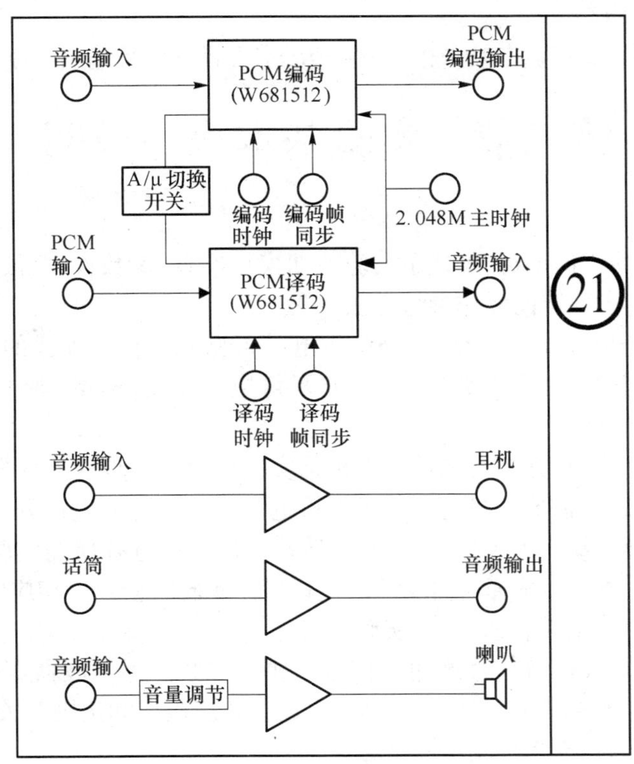

图 3.12 PCM 编译码及语音终端模块框图

(三)端口说明

21 号模块的端口及端口功能如表 3.13 所示。

表 3.13 21 号模块的端口及端口功能

端口名称	端口功能
主时钟	W681512 芯片工作时钟输入
音频输入(TH5)	语音信号终端输入
编码时钟	PCM 编码时钟脉冲输入
编码帧同步	PCM 编码帧同步信号输入
PCM 编码输出	PCM 编码信号输出
PCM 译码输入	PCM 译码信号输入
译码时钟	PCM 译码时钟脉冲输入
译码帧同步	PCM 译码帧同步信号输入
音频输出	语音信号终端输出
MIC1	话筒插座
话筒输出	话筒信号输出
耳机输入	耳机信号输入
PHONE1	耳机插座
音频输入(TH12)	扬声器信号输入
音量	调节输出语音音量

(四)可调参数说明

音量 W1:旋转音量旋钮调节功放的放大倍数,实现音频信号输出频率的大小调节。

第二节　实验基本操作说明

操作说明:

本说明适用于创新实训平台,阐述了实验前期模块准备、参数设置、波形观测等一系列基本操作,为实验者提供了一定的操作参考方法。

(1)实验前先检查所需模块是否固定好,供电是否良好。在未连线的情况下打开实验箱总电源开关及各模块电源开关,模块左边电源指示灯应全亮;若不亮,则请关闭电源后拧紧模块 4 个角的螺丝再作检查。

(2)准备工作做完后,请在断电的情况下根据实验指导书的步骤进行连线。

(3)打开电源开关后,需要先进行菜单设置再进行实验。打开电源开关后,首先弹出的是公司 logo 界面,然后会自动进入主菜单界面,旋转控制旋钮以选择所需实验课程,按下旋钮进入实验课程,再在实验课程中选择所需实验。选择所需实验时会弹出相应的实验信息提示,按下"确定"按键,提示框即消失,进入所选实验界面。

(4)实验观测前,需要调节信号源输出信号的相关参数。用示波器探头夹夹住导线的金属头,将导线另一头连接待测信号源输出端口,再调节相应旋钮和按键开关。

(5)观测实验波形时,有 3 种基本测试方法。

①如果是测试勾,则可直接用示波器探头夹夹住测试勾,确定夹紧即可。

②如果是将示波器探头夹取下来,直接用探头夹接触测试点。注意:观察波形时需要先固定好示波器探头。

③如果是台阶插座,则可用导线连接台阶座与示波器探头夹子(连接方法与上述操作说明中的(4)相同)。

(6)本实验指导书的实验步骤基本分为 4 点:

①连线。

②实验初始状态设置,包含菜单设置、实验前模块拨码开关设置以及信号源输出设置等。

③实验初始状态说明,统一说明实验中各信号源初始状态及实验环境。

④观测,针对各实验项目要求,用示波器等辅助仪器观测并记录实验结果。

第三节　实验部分

实验一　抽样定理实验

一、实验目的

(1)了解抽样定理在通信系统中的重要性。

(2)掌握自然抽样及平顶抽样的实现方法。

(3)理解低通采样定理的原理。

(4)理解实际的抽样系统。

二、实验器材

(1)主控 & 信号源、3 号模块各 1 块。

(2)双踪示波器 1 台。

(3)连接线若干。

三、实验原理

(一)抽样定理实验框图说明

抽样定理实验框图如图 3.13 所示,抽样信号由抽样电路产生。将输入的被抽样信号与抽样脉冲相乘就可以得到自然抽样信号,自然抽样信号经过保持电路得到平顶抽样信号。平顶抽样信号和自然抽样信号是通过开关 S1 切换输出的。

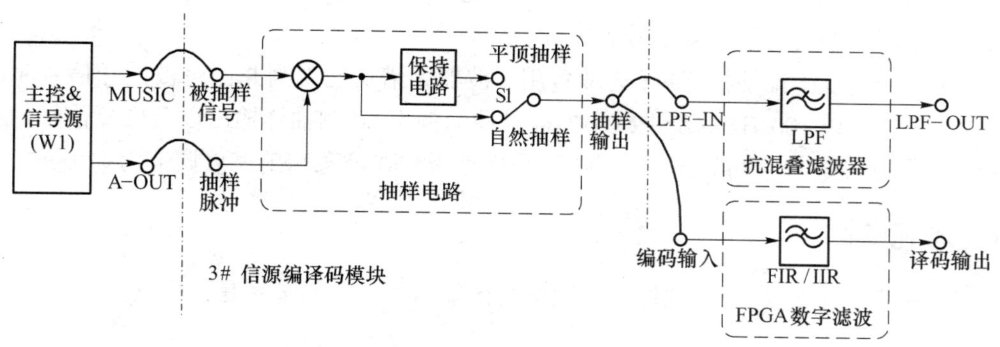

图 3.13　抽样定理实验框图

抽样信号的恢复就是将抽样信号经过低通滤波器。这里滤波器可以选用抗混叠滤波器(8 阶 3.4 kHz 的巴特沃斯低通滤波器)或 FPGA 滤波器(有 FIR、IIR 两种)。反 sinc 滤波器不是用来恢复抽样信号的,而是用来应对孔径失真现象的。

要注意,这里的滤波器借用的是信源编译码部分的端口。实验与信源编译码的内容没有联系。

四、实验步骤

1. 实验项目——抽样信号观测及抽样定理验证

通过不同频率的抽样时钟,从时域和频域两方面观测自然抽样和平顶抽样的输出波形,以及信号恢复的混叠情况,从而了解不同抽样方式的输出差异和联系,验证抽样定理。

(1)关闭电源,按表 3.14 所示进行连线。

表 3.14　连线说明

源端口	目标端口	连线说明
信号源:MUSIC	模块 3:TH1(被抽样信号)	将被抽样信号送入抽样单元
信号源:A-OUT	模块 3:TH2(抽样脉冲)	提供抽样时钟
模块 3:TH3(抽样输出)	模块 3:TH5(LPF-IN)	送入模拟低通滤波器

(2)打开电源,设置主控菜单,选择“主菜单”→“通信原理”→“抽样定理”选项。调节主控模块的 W1,使 A-OUT 输出信号的峰-峰值为 3 V。

(3)此时,实验系统初始状态:被抽样信号 MUSIC 为幅度为 4 V、频率为 4 kHz 的正弦合成波。抽样脉冲 A-OUT 为幅度为 3 V、频率为 9 kHz、占空比为 20% 的方波。

(4)实验操作及波形观测。

①观测并记录自然抽样前后的信号波形:设置开关 S1 为“自然抽样”挡位,用示波器分别观测 MUSIC 和抽样输出。

②观测并记录平顶抽样前后的信号波形:设置开关 S1 为“平顶抽样”挡位,用示波器分别观测 MUSIC 和抽样输出。

③观测并对比抽样恢复后信号与被抽样信号的波形:设置开关 S1 为“自然抽样”挡位,用示波器观测 MUSIC 和 LPF-OUT,以 100 Hz 的步进减小 A-OUT 的频率,比较观测并思考在抽样脉冲频率多小的情况下恢复信号有失真。

④用频谱的角度验证抽样定理(选做):用示波器频谱功能观测并记录被抽样信号 MUSIC 和抽样输出频谱。以 100 Hz 的步进减小抽样脉冲的频率,观测抽样输出以及恢复信号的频谱(注意:示波器的采样率为 250 kSa/s,即每秒采样点为 250 kHz,FFT 缩放调节为 ×10)。

五、思考题

通过观测信号的恢复,思考抽样脉冲频率与恢复信号之间的关系是否失真。

实验二 PCM 编译码实验

一、实验目的

(1)掌握脉冲编码调制与解调的原理。

(2)掌握脉冲编码调制与解调系统的动态范围和频率特性的定义及测量方法。

(3)了解脉冲编码调制信号的频谱特性。

(4)熟悉了解 W681512。

二、实验器材

(1)主控 & 信号源模块,3 号、21 号模块各 1 块。

(2)双踪示波器 1 台。

(3)连接线若干。

三、实验原理

图 3.14 所示为 21 号模块 W681512 芯片的 PCM 编译码实验。W681512 芯片的工作主时钟为 2 048 kHz,根据芯片功能可选择不同编码时钟进行编译码。在本实验的实验项目 1 中以编码时钟取 64 kHz 为基础进行芯片的幅频特性测试实验。

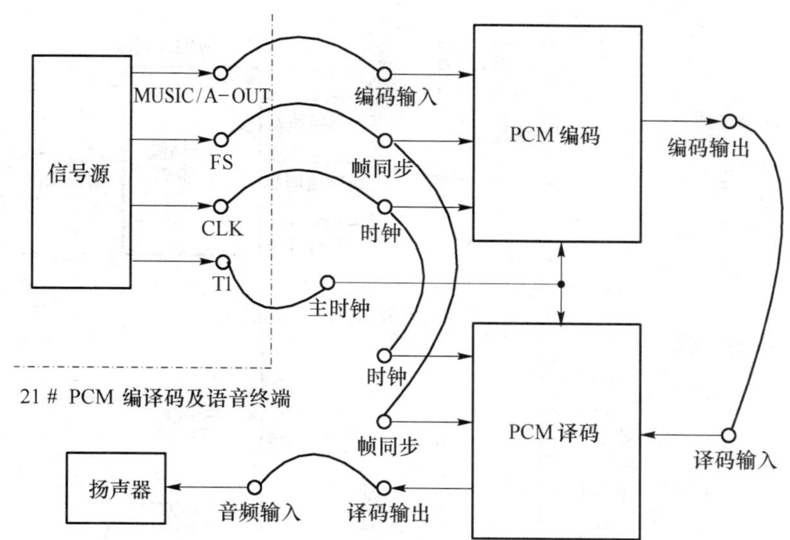

图 3.14　21 号模块 W681512 芯片的 PCM 编译码实验

图 3.15 所示为 3 号模块的 PCM 编译码实验。PCM 编码过程是将音乐信号或正弦波信号，经过抗混叠滤波(其作用是过滤 3.4 kHz 以外的频率，以防 A/D 转换时出现混叠的现象)，抗混叠滤波后的信号经 A/D 转换，然后做 PCM 编码，由于 G.711 协议规定 A 律的奇数位取反，μ 律的所有位都取反，因此，PCM 编码后的数据需要经 G.711 协议的变换输出。PCM 译码过程是 PCM 编码的逆过程，在此不再赘述。

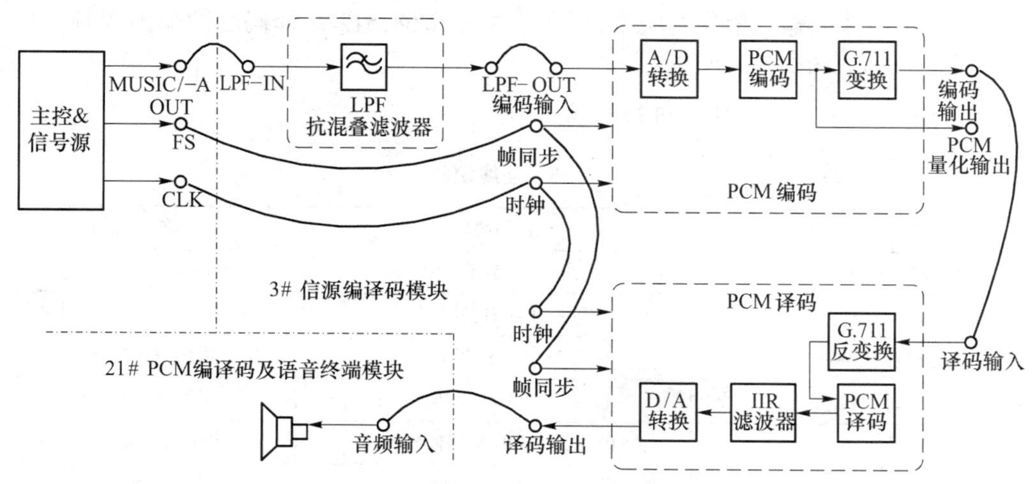

图 3.15　3 号模块的 PCM 编译码实验

A/μ 律编码转换实验框图 3.16 所示，当菜单选择为 A 律转 μ 律实验时，使用 3 号模块作 A 律编码，并将其转换成 μ 律之后，再送至 21 号模块进行 μ 律译码。同理，当菜单选择为 μ 律转 A 律实验时，则使用 3 号模块作 μ 律编码，经 μ 律转 A 律变换后，再送入 21 号模块进行 A 律译码。

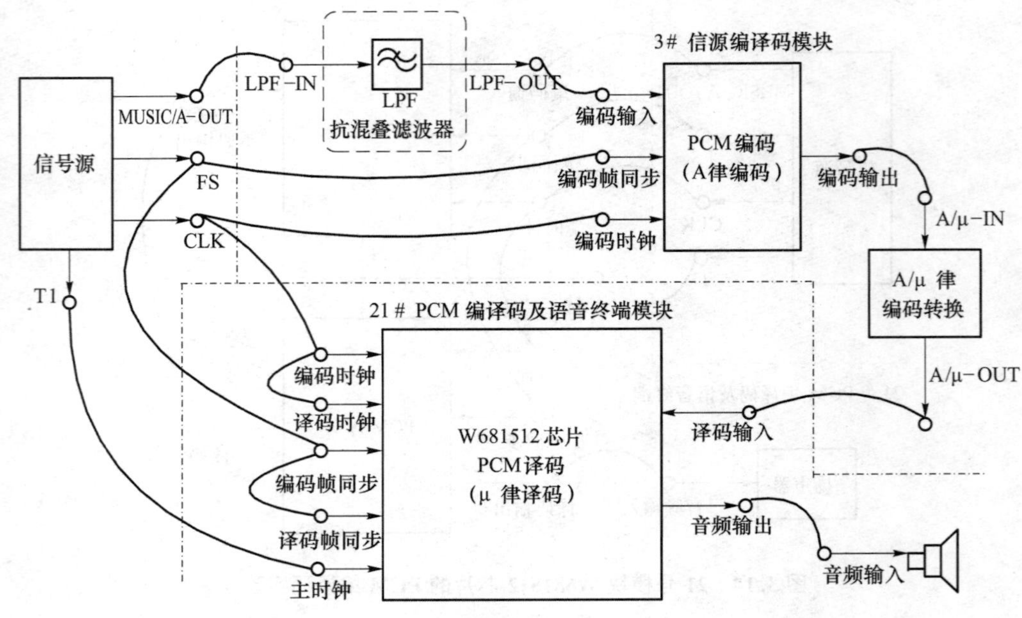

图 3.16 A/μ律编码转换实验框图

四、实验步骤

1. 实验项目 1 测试 W681512 的幅频特性

该项目是通过改变输入信号的频率,观测信号经 W681512 编译码后的输出幅频特性,以了解芯片 W681512 的相关性能。

(1)关闭电源,按表 3.15 所示进行连线。

表 3.15 连线说明

源端口	目的端口	连线说明
信号源:A-OUT	模块 21:TH5(音频接口)	提供音频信号
信号源:T1	模块 21:TH1(主时钟)	提供芯片工作主时钟
信号源:CLK	模块 21:TH11(编码时钟)	提供编码时钟信号
信号源:CLK	模块 21:TH18(译码时钟)	提供译码时钟信号
信号源:FS	模块 21:TH9(编码帧同步)	提供编码帧同步信号
信号源:FS	模块 21:TH10(译码帧同步)	提供译码帧同步信号
模块 21:TH8(PCM 编码输出)	模块 21:TH7(PCM 译码输入)	接入译码输入信号

(2)打开电源,设置主控菜单,选择“主菜单”→“通信原理”→“PCM 编码”→“A 律编码观测实验”选项。调节 W1,使 A-OUT 输出信号的峰-峰值为 3 V 左右。将模块 21 的开关 S1 拨至“A-Law”,即完成 A 律 PCM 编译码。

(3)此时,实验系统初始状态:音频输入信号为峰-峰值为 3 V、频率为 1 kHz 的正弦波;

PCM 编码及译码时钟 CLK 为 64 kHz 的方波；编码及译码帧同步信号 FS 的频率为 8 kHz。

(4)实验操作及波形观测。

①调节模拟信号源，使输出波形为正弦波，输出频率为 50 Hz，并用示波器观测 A－OUT，设置A－OUT输出信号的峰－峰值为 3 V。

②将信号源频率从 50 Hz 增加到 4 000 Hz，并用示波器接模块 21 的音频输出，观测信号的幅频特性。

注：频率改变时，可根据实验需求自行改变频率步进。例如，若频率为 50～250 Hz，则以 10 Hz 的频率为步进；若超过 250 Hz，则以 100 Hz 的频率为步进。

2. 实验项目 2　PCM 编码规则验证

该项目通过改变输入信号幅度或编码时钟，对比观测 A 律 PCM 编译码和 μ 律 PCM 编译码的输入、输出波形，从而了解 PCM 编码规则。

(1)关闭电源，按表 3.16 所示进行连线。

表 3.16　连线说明

源端口	目的端口	连线说明
信号源：A－OUT	模块 3：TH5(LPF－IN)	信号送入前置滤波器
模块 3：TH6(LPF－OUT)	模块 3：TH13(编码－编码输入)	提供音频信号
信号源：CLK	模块 3：TH9(编码－时钟)	提供编码时钟信号
信号源：FS	模块 3：TH10(编码－帧同步)	提供编码帧同步信号
模块 3：TH14(编码－编码输出)	模块 3：TH19(译码－输入)	接入译码输入信号
信号源：CLK	模块 3：TH15(译码－时钟)	提供译码时钟信号
信号源：FS	模块 3：TH16(译码－帧同步)	提供译码帧同步信号

(2)打开电源，设置主控菜单。选择“主菜单”→“通信原理”→“PCM 编码”→“A 律编码观测实验”选项。调节 W1，使信号 A－OUT 输出信号的峰－峰值为 3 V 左右。

(3)此时，实验系统初始状态：音频输入信号为峰值为 3 V、频率为 1 kHz 的正弦波；PCM 编码及译码时钟 CLK 为 64 kHz；编码及译码帧同步信号 FS 为 8 kHz。

(4)实验操作及波形观测。

①以 FS 为触发，观测编码输入波形。将示波器的 DIV(扫描时间)挡调节为 100 μs。将正弦波幅度最大处调节到示波器的正中间，记录波形(注意，记录波形后不要调节示波器，因为正弦波的位置需要和编码输出的位置对应)。

②在保持示波器设置不变的情况下，以 FS 为触发观察 PCM 量化输出信号，记录波形。

③再以 FS 为触发，观察并记录 PCM 编码的 A 律编码输出波形，填入表 3.17 中。整个过程中保持示波器设置不变。

④通过主控中的模块设置，把 3 号模块设置为“PCM 编译码”→“μ 律编码观测实验”，重复步骤①②③。记录 μ 律编码相关波形，填入表 3.17 中。

表 3.17　A 律波形和 μ 律波形

	A 律波形	μ 律波形
帧同步信号		
编码输入信号		
PCM 量化输出信号		
PCM 编码输出信号		

⑤对比观测编码输入信号和译码输出信号。

3. 实验项目 3　PCM 编码时序观测

该项目是从时序角度观测 PCM 编码输出波形。

(1)连线和主菜单设置方法同实验项目 2。

(2)用示波器观测 FS 信号和编码输出信号,记录二者对应的波形。

4. 实验项目 4　PCM 编码 A/μ 律转换实验

该项目的目的是对比观测 A 律 PCM 编码和 μ 律 PCM 编码的波形,从而了解二者的区别与联系。

(1)关闭电源,按表 3.18 所示进行连线。

表 3.18　连线说明

源端口	目的端口	连线说明
信号源:A - OUT	模块 3:TH5(LPF - IN)	信号送入前置滤波器
模块 3:TH6(LPF - OUT)	模块 3:TH13(编码 - 编码输入)	送入 PCM 编码
信号源:CLK	模块 3:编码 - 时钟	提供编码时钟信号
信号源:FS	模块 3:编码 - 帧同步	提供编码帧同步信号
模块 3:编码输出	模块 3:A/μ 律 - IN	接入编码输出信号
模块 3:A/μ - OUT	模块 21:PCM 译码输入	将转换后的信号送入译码单元
信号源:CLK	模块 21:译码时钟	提供译码时钟信号
信号源:FS	模块 21:译码帧同步	提供译码帧同步信号
信号源:CLK	模块 21:编码时钟	提供 W681512 芯片 PCM 编译码功能所需的其他工作时钟
信号源:FS	模块 21:编码帧同步	
信号源:T1	模块 21:主时钟	

（2）打开电源，设置主控菜单，选择“主菜单”→“通信原理”→“PCM 编码”→“A 转 μ 律转换实验”选项。调节 W1 主控 & 信号源使信号 A－OUT 输出信号的峰－峰值为 3 V 左右。将 21 号模块的开关 S1 拨至“μ－Law”，此时完成 μ 律译码。

（3）此时，实验系统初始状态：音频输入信号为峰值为 3 V、频率为 1 kHz 的正弦波；PCM 编码及译码时钟 CLK 为 64 kHz；编码及译码帧同步信号 FS 为 8 kHz。

（4）用示波器对比观测编码输出信号与 A/μ 律转换之后的信号，并观察两者的区别，加以总结。

（5）设置主控菜单，选择“μ 转 A 律转换实验”选项，并将 21 号模块对应设置成 A 律译码，然后按上述步骤观测实验波形情况。

五、思考题

（1）分析实验电路的工作原理，并探讨改变基带信号幅度时波形是否变化、改变时钟信号频率时波形是否发生变化。

（2）当编码输入信号的频率大于 3 400 Hz 或小于 300 Hz 时，分析脉冲编码调制和解调波形。

实验三　AMI 码型变换实验

一、实验目的

（1）了解几种常用的数字基带信号的特征和作用。

（2）掌握 AMI 码的编译规则。

二、实验器材

（1）主控 & 信号源，2 号、8 号、13 号模块各 1 块。

（2）双踪示波器 1 台。

（3）连接线若干。

三、实验原理

AMI 编码规则是遇到 0 输出 0，遇到 1 则交替输出 +1 和 －1。图 3.17 所示编码过程是将信号源经程序处理后，得到 AMI－A1 和 AMI－B1 两路信号，再通过电平转换电路进行变换，从而得到 AMI 编码波形。

AMI 译码只需将所有的 ±1 变为 1，将 0 变为 0。图 3.17 所示译码过程是将 AMI 码信号送入电平逆变换电路，再通过译码处理，得到原始码元。

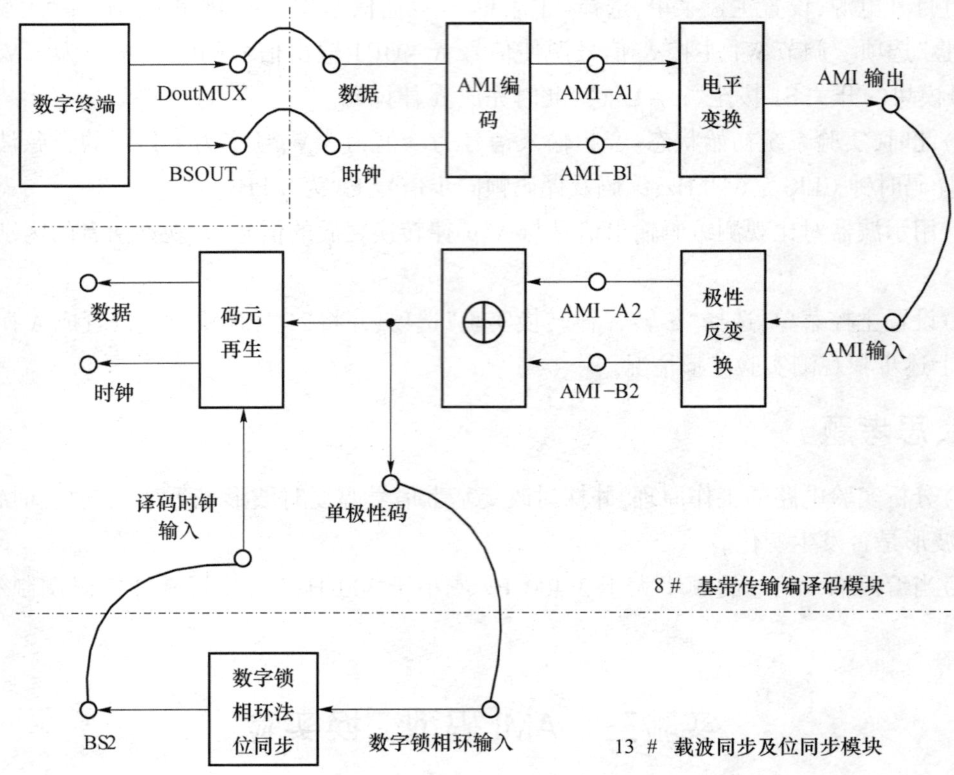

图 3.17　AMI 编译码实验原理框图

四、实验步骤

1. 实验项目 1　AMI 编译码(归零码实验)

本项目通过选择不同的数字信源,分别观测编码输入及时钟、译码输出及时钟、编译码延时并验证 AMI 编译码规则。

(1)关闭电源,按表 3.19 所示进行连线。

表 3.19　连线说明

源端口	目的端口	连线说明
信号源:PN	模块 8:TH3(编码输入 - 数据)	基带信号输入
信号源:CLK	模块 8:TH4(编码输入 - 时钟)	提供编码位时钟
模块 8:TH11(AMI 编码输出)	模块 8:TH2(AMI 译码输入)	将数据送入译码模块
模块 8:TH5(单极性码)	模块 13:TH7(数字锁相环输入)	数字锁相环位同步提取
模块 13:TH5(BS2)	模块 8:TH9(译码时钟输入)	提供译码位时钟

(2)打开电源,设置主控菜单,选择"主菜单"→"通信原理"→"AMI 编译码"→"归零码实验"选项。将模块 13 的开关 S3 的分频设置置为 0011,即提取 512 kHz 同步时钟。

(3)此时,系统初始状态:编码输入信号为 256 kHz 的 PN 序列。

(4)实验操作及波形观测。

①用示波器分别观测编码输入的数据 TH3 和编码输出的数据 TH11(AMI 输出),并观察记录相应的波形。有数字示波器的,还可以观测编码输出信号的频谱,验证 AMI 编码规则(注:观察时注意码元的对应位置。)

②保持示波器测量编码输入数据 TH3 的通道不变,另一通道测量中间测试点 TP5 (AMI - A1),观察基带码元奇数位的变换波形。

③保持示波器测量编码输入数据 TH3 的通道不变,另一通道测量中间测试点 TP6 (AMI - B1),观察基带码元偶数位的变换波形。

④用示波器分别观测模块 8 的 TP5 (AMI - A1)和 TP6(AMI - B1),可从频域角度观察信号所含 256 kHz 频谱分量情况;或用示波器减法功能观察 AMI - A1 与 AMI - B1 相减后的波形情况,并与 AMI 编码输出波形比较。

⑤用示波器对比观测编码输入的数据和译码输出的数据,观察记录 AMI 译码波形与输入信号波形。

⑥用示波器分别观测 TP9(AMI - A2)和 TP11(AMI - B2),从时域或频域角度了解 AMI 码经电平变换后的波形情况。

⑦用示波器分别观测模块 8 的 TH2(AMI 输入)和 TH6(单极性码),从频域角度观测双极性码和单极性码的 256 kHz 频谱分量情况。

⑧用示波器分别观测编码输入的时钟和译码输出的时钟,观察比较恢复出的位时钟波形与原始位时钟信号的波形。

2. 实验项目 2 AMI 编译码(非归零码实验)

本项目通过观测 AMI 非归零码编译码相关测试点,了解 AMI 编译码规则。

(1)保持实验项目 1 的连线不变。

(2)打开电源,设置主控菜单,选择"主菜单"→"通信原理"→"AMI 编译码"→"非归零码实验"选项。将模块 13 的开关 S3 分频设置置为 0100,即提取 256 kHz 同步时钟。

(3)设置系统初始状态:编码输入信号为 256 kHz 的 PN 序列。

(4)实验操作及波形观测。参照实验项目 1 的 256 kHz 归零码实验项目的步骤,进行相关测试。

3. 实验项目 3 AMI 码对连 0 信号的编码、含有的直流分量以及时钟信号的提取观测

本项目通过设置和改变输入信号的码型,观测 AMI 归 0 码编码输出信号中对连 0 码信号的编码、含有的直流分量以及时钟信号的提取情况,以进一步了解 AMI 码的特性。

(1)关闭电源,按表 3.20 所示进行连线。

表 3.20 连线说明

源端口	目的端口	连线说明
模块 2:DoutMUX	模块 8:TH3(编码输入 - 数据)	基带信号输入
模块 2:BSOUT	模块 8:TH4(编码输入 - 时钟)	提供编码位时钟
模块 8:TH11(AMI 编码输出)	模块 8:TH2(AMI 译码输入)	将数据送入译码模块
模块 8:TH5(单极性码)	模块 13:TH7(数字锁相环输入)	数字锁相环位同步提取
模块 13:TH5(BS2)	模块 8:TH9(译码时钟输入)	提供译码位时钟

(2)打开电源,设置主控菜单。选择"主菜单"→"通信原理"→"AMI 编译码"→"归零码实验"选项。将模块 13 的开关 S3 分频设置置为 0011,即提取 512 kHz 同步时钟。将模块 2 的开关 S1、S2、S3、S4 全部置为 11110000,使 DoutMUX 输出码型中含有连 4 个 0 的码型状态(或自行设置其他码值。)

(3)此时,系统初始状态:编码输入信号为 256 kHz 的 32 位拨码信号。

(4)实验操作及波形观测。

①观察含有长连 0 信号的 AMI 编码波形。用示波器观测模块 8 的 TH3(编码输入－数据)和 TH11(AMI 编码输出),观察信号中出现长连 0 时的波形变化情况(注:观察时注意码元的对应位置)。

②观察 AMI 编码信号中是否含有直流分量。将模块 2 的开关 S1、S2、S3、S4 置为 00000000、00000000、00000000、00000011,用示波器分别观测编码输入数据和编码输出数据,编码输入时钟和译码输出时钟,调节示波器,将信号耦合状况置为交流,观察记录波形。保持连线,拨码开关由 0 到 1 逐位拨起,直到模块 2 的拨动开关置为 00111111 11111111 11111111 11111111,观察拨码过程中编码输入数据和编码输出数据波形的变化情况。

③观察 AMI 编码信号所含时钟频谱分量。将模块 2 的开关 S1、S2、S3、S4 全部置 0,用示波器先分别观测编码输入数据和编码输出数据,再分别观测编码输入时钟和译码输出时钟,并观察记录二者的波形。最后将模块 2 的开关 S1、S2、S3、S4 全部置 1,观察并记录波形。

五、思考题

(1)译码过后的信号波形与输入信号波形相比延时多少?

(2)数据和时钟是否能恢复?

实验四　HDB3 码型变换实验

一、实验目的

(1)了解几种常用数字基带信号的特征和作用。

(2)掌握 HDB3 码的编译规则。

二、实验器材

(1)主控 & 信号源,2 号、8 号、13 号模块各 1 块。

(2)双踪示波器 1 台。

(3)连接线若干。

三、实验原理

已知 AMI 编码规则是遇到 0 输出 0,遇到 1 则交替输出 +1 和 −1,而 HDB3 编码由于需要插入破坏位 B,因此,在编码时需要缓存 3 bit 的数据。当没有连续 4 个 0 时,与 AMI 编码规则相同;当出现 4 个 0 时,最后一个 0 变为传号 A,其极性与前一个 A 的极性相反。若该信号与前一个1的极性不同,则还要将这4个0的第一个0变为B,B的极性与A相同。在图3.18中,编码过程就是将信号源经程序处理后,得到HDB3-A1和HDB3-B1两路信号,再通过电平转换电路进行变换,从而得到HDB3编码波形。

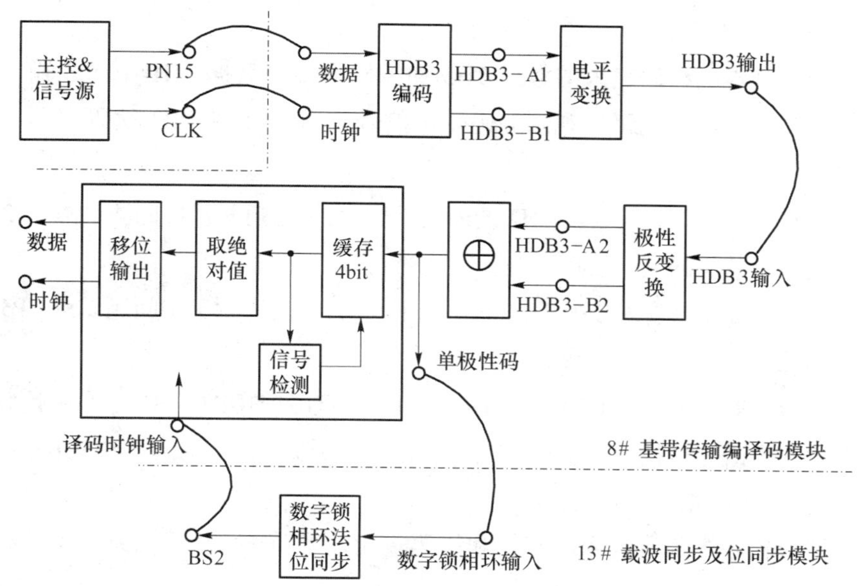

图3.18　HDB3编译码实验原理框图

同样,AMI译码只需将所有的±1变为1,将0变为0即可。而HDB3译码只需找到信号A,将信号和信号前3个数都清0。信号A的识别方法是:若该符号的极性与前一极性相同,则该符号即信号A。图3.18所示的译码过程是将HDB3码信号送入电平逆变换电路,再通过译码处理,得到原始码元。

四、实验步骤

1. 实验项目1　HDB3编译码(256 kHz归零码实验)

本项目通过选择不同的数字信源,分别观测编码输入及时钟、译码输出及时钟、编译码延时并验证HDB3编译码规则。

(1)关闭电源,按表3.21所示进行连线。

表3.21　连线说明

源端口	目的端口	连线说明
信号源:PN	模块8:TH3(编码输入-数据)	基带信号输入
信号源:CLK	模块8:TH4(编码输入-时钟)	提供编码位时钟
模块8:TH1(HDB3输出)	模块8:TH7(HDB3输入)	将数据送入译码模块
模块8:TH5(单极性码)	模块13:TH7(数字锁相环输入)	数字锁相环位同步提取
模块13:TH5(BS2)	模块8:TH9(译码时钟输入)	提供译码位时钟

(2)打开电源,设置主控菜单,选择"主菜单"→"通信原理"→"HDB3 编译码"→"归零码实验"选项。将模块 13 的开关 S3 分频设置置为 0011,即提取 512 kHz 同步时钟。

(3)此时,系统的初始状态:编码输入信号为 256 kHz 的 PN 序列。

(4)实验操作及波形观测。

①用示波器分别观测编码输入的数据 TH3 和编码输出的数据 TH1(HDB3 输出),并观察记录波形,有数字示波器的,则可以观测编码输出信号频谱,验证 HDB3 编码规则(注:观察时注意码元的对应位置)。

②保持示波器测量编码输入数据 TH3 的通道不变,另一通道测量中间测试点 TP2(HDB3 - A1),观察基带码元奇数位的变换波形。

③保持示波器测量编码输入数据 TH3 的通道不变,另一通道测量中间测试点 TP3(HDB3 - B1),观察基带码元偶数位的变换波形。

④用示波器分别观测模块 8 的 TP2(HDB3 - A1)和 TP3(HDB3 - B1),可从频域角度观察信号所含 256 kHz 频谱分量情况;或用示波器减法功能观察 HDB3 - A1 与 HDB3 - B1 相减后的波形情况,并与 HDB3 编码输出波形比较。

⑤用示波器对比观测编码输入的数据和译码输出的数据,观察记录 HDB3 译码波形与输入信号波形。

⑥用示波器分别观测 TP4(HDB3 - A2)和 TP8(HDB3 - B2),从时域或频域角度了解 HDB3 码经电平变换后的波形情况。

⑦用示波器分别观测模块 8 的 TH7(HDB3 输入)和 TH6(单极性码),从频域角度观测双极性码和单极性码的 256 kHz 频谱分量情况。

⑧用示波器分别观测编码输入的时钟和译码输出的时钟,并观察二者的波形。

2. 实验项目 2　HDB3 编译码(256 kHz 非归零码实验)

本项目通过观测 HDB3 非归零码编译码相关测试点,了解 HDB3 编译码规则。

(1)保持实验项目 1 的连线不变。

(2)打开电源,设置主控菜单,选择"主菜单"→"通信原理"→"HDB3 编译码"→"非归零码实验"选项。将模块 13 的开关 S3 分频设置置为 0100,即提取 256 kHz 同步时钟。

(3)此时,系统的初始状态:编码输入信号为 256 kHz 的 PN 序列。

(4)实验操作及波形观测。参照前面的 256 kHz 归零码实验项目的步骤,进行相关测试。

3. 实验项目 3　HDB3 码对连 0 码信号的编码、含有的直流分量以及时钟信号的提取观测

本项目通过设置和改变输入信号的码型,观测 HDB3 归零码编码输出信号中对长连 0 码信号的编码、含有的直流分量以及时钟信号的提取情况,进一步了解 HDB3 码的特性。

(1)关闭电源,按表3.22所示进行连线。

表3.22　连线说明

源端口	目的端口	连线说明
模块2:DoutMUX	模块8:TH3(编码输入-数据)	基带信号输入
模块2:BSOUT	模块8:TH4(编码输入-时钟)	提供编码位时钟
模块8:TH1(HDB3输出)	模块8:TH7(HDB3输入)	将数据送入译码模块
模块8:TH5(单极性码)	模块13:TH7(数字锁相环输入)	数字锁相环位同步提取
模块13:TH5(BS2)	模块8:TH9(译码时钟输入)	提供译码位时钟

(2)打开电源,设置主控菜单,选择"主菜单"→"通信原理"→"HDB3编译码"→"归零码实验"选项。将模块13的开关S3的分频设置置为0011,即提取512 kHz同步时钟。将模块2的开关S1、S2、S3、S4全部置为11110000,使DoutMUX输出码型中含有连续4个0的码型状态(或自行设置其他码值。)

(3)此时,系统的初始状态:编码输入信号为256 kHz的32位拨码信号。

(4)实验操作及波形观测。

①观察含有长连0信号的HDB3编码波形。用示波器观测模块8的TH3(编码输入-数据)和TH1(HDB3输出),观察信号中出现长连0时的波形变化情况(注:观察时注意码元的对应位置)。

②观察HDB3编码信号中是否含有直流分量。将模块2的开关S1、S2、S3、S4置为00000000、00000000、00000000、00000011,用示波器分别观测编码输入数据和编码输出数据,编码输入时钟和译码输出时钟,调节示波器,将信号耦合状况置为交流,观察并记录波形。保持连线,拨码开关由0到1逐位拨起,直到模块2的拨动开关置为00111111 11111111 11111111 11111111,观察拨码过程中编码输入数据和编码输出数据的波形变化情况。

③观察HDB3编码信号所含时钟频谱分量。将模块2的开关S1、S2、S3、S4全部置0,用示波器先分别观测编码输入数据和编码输出数据,再分别观测编码输入时钟和译码输出时钟,观察并记录波形。最后将模块2的开关S1、S2、S3、S4全部置1,观察并记录波形。

五、思考题

(1)译码过后的信号波形与输入信号波形相比延时多少?

(2)HDB3编码与AMI编码波形有什么差别?

实验五　ASK调制及解调实验

一、实验目的

(1)掌握用键控法产生ASK信号的方法。

(2)掌握 ASK 非相干解调的原理。

二、实验器材

(1)主控 & 信号源、9 号模块各 1 块。

(2)双踪示波器 1 台。

(3)连接线若干。

三、实验原理

在图 3.19 所示 ASK 调制及解调实验原理框图中,ASK 调制是将基带信号和载波直接相乘。已调信号经过半波整流、低通滤波后,通过门限判决电路解调出原始基带信号。

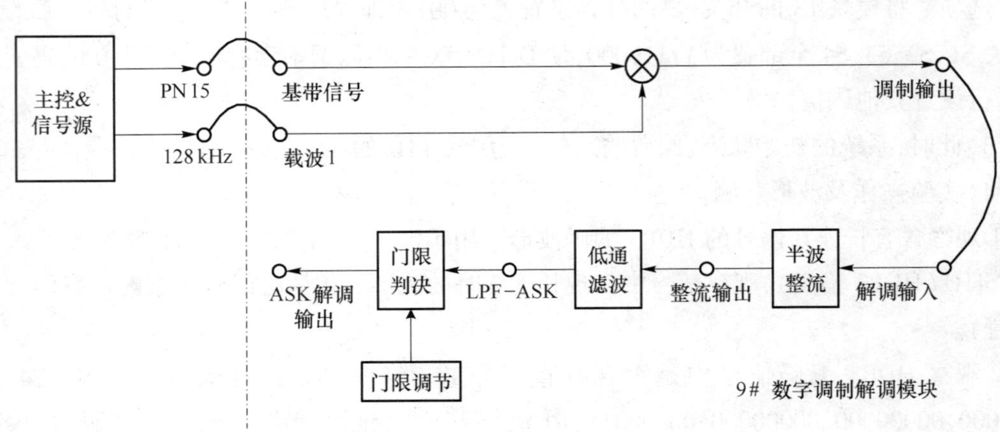

图 3.19 ASK 调制及解调实验原理框图

四、实验步骤

1. 实验项目 1 ASK 调制

在 ASK 调制实验中,ASK(振幅键控)载波幅度是随着基带信号的变化而变化的。在本项目中,通过调节输入 PN 序列频率或者载波频率,对比观测基带信号波形与调制输出波形,并观测每个码元对应的载波波形,以验证 ASK 调制原理。

(1)关闭电源,按表 3.23 所示进行连线。

表 3.23 连线说明

源端口	目的端口	连线说明
信号源:PN	模块 9:TH1(基带信号)	调制信号输入
信号源:128 kHz	模块 9:TH14(载波 1)	载波输入
模块 9:TH4(调制输出)	模块 9:TH7(解调输入)	解调信号输入

(2)打开电源,设置主控菜单。选择“主菜单”→“通信原理”→“ASK 数字调制解调”选项,将 9 号模块的 S1 置为 0000。

(3)此时,系统的初始状态:PN 序列输出频率为 32 kHz,调节 128 kHz 载波信号的值为 3 V。

(4)实验操作及波形观测。

①分别观测调制输入信号和调制输出信号:以 9 号模块 TH1 为触发,用示波器同时观测 9 号模块 TH1 和 TH4,验证 ASK 调制原理。

②将 PN 序列的输出频率改为 64 kHz,观察载波个数是否发生变化。

2. 实验项目 2　ASK 解调

实验中通过对比观测调制输入信号与解调输出信号,观察波形是否有延时现象,并验证 ASK 解调原理。观测解调输出信号的中间观测点,如 TP4(整流输出)、TP5(LPF - ASK),深入理解 ASK 解调过程。

(1)保持实验项目 1 中的连线及初始状态。

(2)对比观测调制信号输入以及解调输出:以 9 号模块 TH1 为触发,用示波器同时观测 9 号模块 TH1 和 TH6,调节 W1 直至二者波形相同;再观测 TP4(整流输出)、TP5(LPF - ASK)两个中间过程测试点,验证 ASK 解调原理。

(3)以信号源的 CLK 为触发,测 9 号模块 LPF - ASK,观测眼图。

五、思考题

(1)分析实验电路的工作原理,简述其工作过程。

(2)分析 ASK 调制解调原理。

实验六　FSK 调制及解调实验

一、实验目的

(1)掌握用键控法产生 FSK 信号的方法。

(2)掌握 FSK 非相干解调的原理。

二、实验器材

(1)主控 & 信号源、9 号模块各 1 块。

(2)双踪示波器 1 台。

(3)连接线若干。

三、实验原理

在图 3.20 所示实验框图中,基带信号与 1 路载波相乘得到 1 电平的 ASK 调制信号,基带信号取反后再与 2 路载波相乘得到 0 电平的 ASK 调制信号,然后相加合成 FSK 调制输出;已调信号经过过零检测来识别信号中载波频率的变化情况;通过上、下沿单稳触发电路再相加输出,最后经过低通滤波和门限判决,得到原始基带信号。

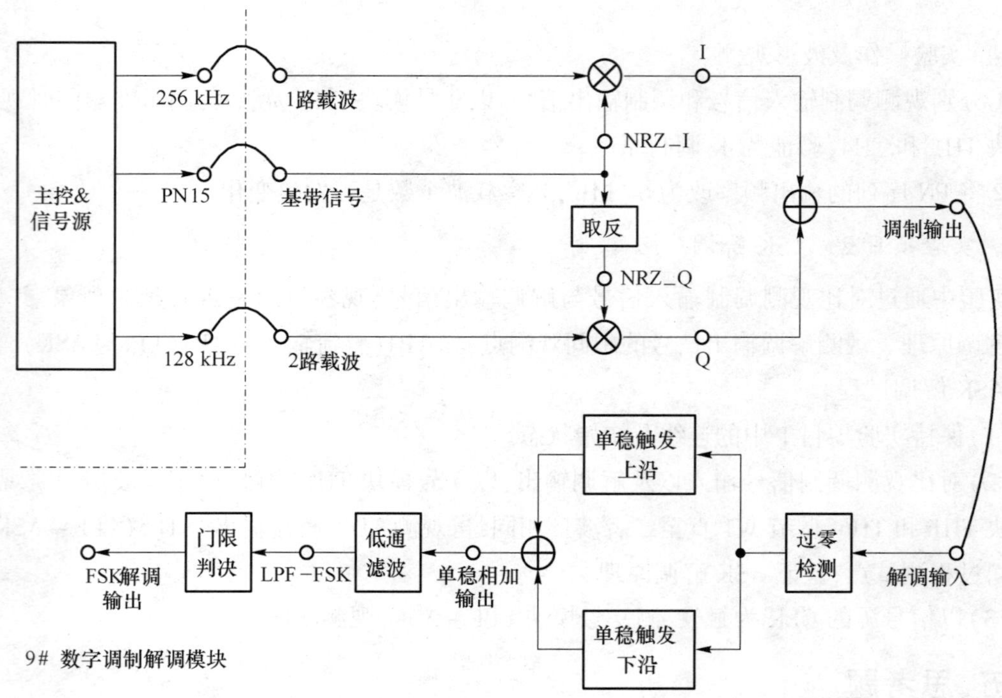

图 3.20 FSK 调制及解调实验原理框图

四、实验步骤

1. 实验项目 1 FSK 调制

FSK 调制实验中的信号是用载波频率的变化来表征被传信息的状态的。本项目中,通过调节输入 PN 序列的频率,对比观测基带信号波形与调制输出波形来验证 FSK 调制原理。

(1)关闭电源,按表 3.24 所示进行连线。

表 3.24 连线说明

源端口	目的端口	连线说明
信号源:PN	模块 9:TH1(基带信号)	调制信号输入
信号源:256 kHz(载波)	模块 9:TH14(载波 1)	载波 1 输入
信号源:128 kHz(载波)	模块 9:TH3(载波 2)	载波 2 输入
模块 9:TH4(调制输出)	模块 9:TH7(解调输入)	解调信号输入

(2)打开电源,设置主控菜单,选择“主菜单”→“通信原理”→“FSK 数字调制解调”选项。将 9 号模块的 S1 置为 0000。调节信号源模块的 W2,使 128 kHz 载波信号的峰 - 峰值为 3 V,

调节 W3，使 256 kHz 载波信号的峰 – 峰值也为 3 V。

（3）此时，系统的初始状态：PN 序列的输出频率为 32 kHz。

（4）实验操作及波形观测。

①示波器 CH1 接 9 号模块 TH1 基带信号，CH2 接 9 号模块 TH4 调制输出；以 CH1 为触发，对比观测 FSK 调制输入及调制输出，验证 FSK 调制原理。

②将 PN 序列的输出频率改为 64 kHz，观察载波个数是否发生变化。

2. 实验项目 2　FSK 解调

在 FSK 解调实验中，采用非相干解调法对 FSK 调制信号进行解调。实验中，通过对比观测调制输入与解调输出，观察波形是否有延时现象，并验证 FSK 解调原理。观测解调输出的中间观测点，如 TP6（单稳相加输出）、TP7（LPF – FSK），以深入理解 FSK 解调过程。

（1）保持实验项目 1 中的连线及初始状态。

（2）对比观测调制信号输入以及解调输出：以 9 号模块 TH1 为触发，用示波器分别观测 9 号模块 TH1 和 TP6（单稳相加输出）、TP7（LPF – FSK）、TH8（FSK 解调输出），验证 FSK 解调原理。

（3）以信号源的 CLK 为触发，观测 9 号模块 LPF – FSK，观测眼图。

五、思考题

（1）分析实验电路的工作原理，简述其工作过程。

（2）分析 FSK 调制解调原理。

实验七　BPSK 调制及解调实验

一、实验目的

（1）掌握 BPSK 调制和解调的基本原理。

（2）掌握 BPSK 数据传输过程，熟悉典型电路。

（3）了解数字基带波形时域形成的原理和方法，掌握滚降系数的概念。

（4）熟悉 BPSK 调制载波包络的变化。

（5）掌握 BPSK 载波恢复特点与位定时恢复的基本方法。

二、实验器材

（1）主控 & 信号源、9 号模块和 13 号模块各 1 块。

（2）双踪示波器 1 台。

（3）连接线若干。

三、实验原理

BPSK 调制及解调实验原理框如图 3.21 所示。该图中基带信号的 1 电平和 0 电平信号分别与256 kHz载波及256 kHz反相载波相乘,叠加后得到BPSK调制输出;已调信号送入13号模块载波提取单元得到同步载波;已调信号与相干载波相乘后,经过低通滤波和门限判决后,解调输出原始基带信号。

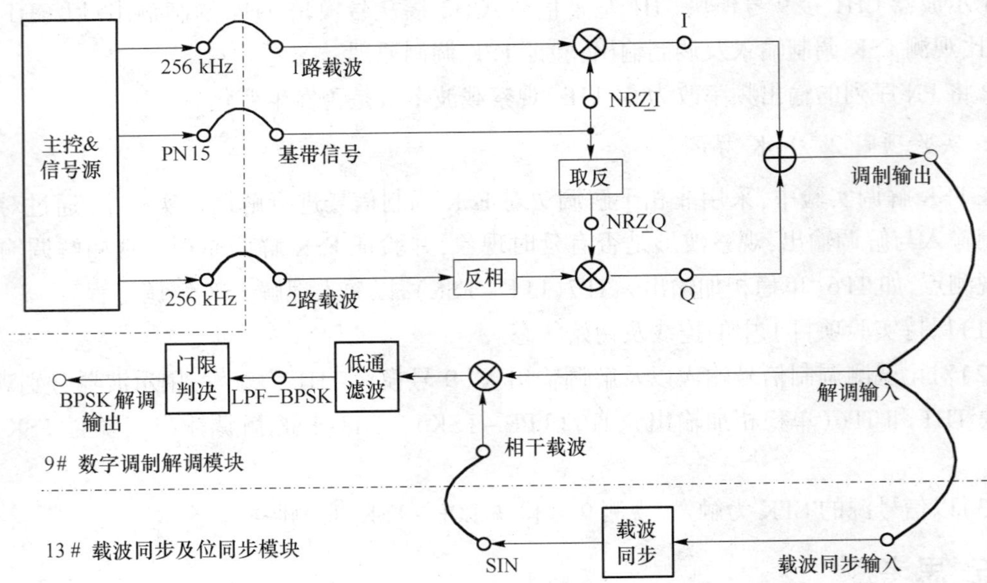

图3.21 BPSK调制及解调实验原理框图

四、实验步骤

1. 实验项目1 BPSK调制信号观测(9号模块)

BPSK调制实验中的信号是用相位相差180°的载波变换来表征被传递的信息的。本项目通过对比观测基带信号波形与调制输出波形来验证BPSK调制原理。

(1)关闭电源,按表3.25所示进行连线。

表3.25 连线说明

源端口	目的端口	连线说明
信号源:PN	模块9:TH1(基带信号)	调制信号输入
信号源:256 kHz	模块9:TH14(载波1)	载波1输入
信号源:256 kHz	模块9:TH3(载波2)	载波2输入
模块9:TH4(调制输出)	模块13:TH2(载波同步输入)	载波同步模块信号输入
模块13:TH1(SIN)	模块9:TH10(相干载波输入)	用于解调的载波
模块9:TH4(调制输出)	模块9:TH7(解调输入)	解调信号输入

(2)打开电源,设置主控菜单,依次选择“主菜单”→“通信原理”→“BPSK/DBPSK数字调制解调”选项。将9号模块的S1置为0000,调节信号源模块W3,使256 kHz载波信号的峰-峰值为3 V。

(3)此时,系统的初始状态:PN 序列的输出频率为 32 kHz。

(4)实验操作及波形观测。

①以 9 号模块“NRZ - I”为触发,观测“I”;

②以 9 号模块“NRZ - Q”为触发,观测“Q”。

③以 9 号模块“基带信号”为触发,观测“调制输出”。

思考:分析以上观测的波形,分析其与 ASK 有何关系。

2. 实验项目 2　BPSK 解调观测(9 号模块)

本项目通过对比观测基带信号波形与解调输出波形,观察是否有延时现象,并且验证 BPSK 解调原理。观测解调中间观测点 TP8,深入理解 BPSK 解调原理。

(1)保持实验项目 1 中的连线。将 9 号模块的 S1 置为 0000。

(2)以 9 号模块的“基带信号”为触发,观测 13 号模块的“SIN”,调节 13 号模块的 W1,使“SIN”的波形稳定,即恢复出载波。

(3)以 9 号模块的“基带信号”为触发,观测“BPSK 解调输出”,多次单击 13 号模块的“复位”按键。观测“BPSK 解调输出”的变化。

(4)以信号源的 CLK 为触发,观测 9 号模块 LPF - BPSK,观测眼图。

五、思考题

(1)“BPSK 解调输出”是否存在相位模糊的情况?为什么会有相位模糊的情况?分析实验电路的工作原理,简述其工作过程。

(2)分析 BPSK 调制解调原理。

本章小结

本章将通信原理的基础知识应用到实验当中,注重理论分析与实际训练的结合。通过实际训练,不仅可以巩固、加深学生对基础理论知识的理解,而且可以培养学生独立分析问题、解决问题的能力和严谨的工作作风。

本章的实验在内容安排上,主要包括:抽样定理实验、PCM 编译码实验、AMI 码型变换实验、HDB3 码型变换实验、ASK 调制解调实验、FSK 调制解调实验和 BPSK 调制解调实验 7 个实验内容。通过本章的学习,旨在帮助学生掌握通信的基本概念、基本理论和基本方法,理解通信系统的组成和设计过程。

第四章

综合实验

第一节　综合实验简介

一、实验基本要求

通信与信息处理综合实践课程的基本要求如下：

(1)巩固和加深对“信号与系统”“数字信号处理”“数据通信原理”等课程的基本知识的理解。

(2)提高运用所学理论知识和方法独立分析和解决问题的能力。

(3)学会使用 MATLAB,掌握 MATLAB 的程序设计方法。

(4)综合运用“信号与系统”“数字信号处理”“数据通信原理”等课程的基本概念、基本理论,基本方法进行通信与信息处理中实际问题的分析。

(5)了解和掌握用 MATLAB 实现通信与信息处理中实际问题的设计方法、过程。

(6)设计的题目要求达到一定工作量,并具有一定的深度和难度。

(7)能独立编写实验报告,准确分析实验的结果。

二、实验内容

通信与信息处理综合实验的内容涵盖“信号与系统”“数字信号处理”“数据通信原理”及其相关的实验课程。

第二节　实验部分

实验一　用 IIR 滤波器、FIR 滤波器实现信号的滤波

一、实验目的

综合运用通信与信息处理相关课程的理论知识进行频谱分析和 IIR 滤波器、FIR 滤波器

设计,再利用 MATLAB 作为编程工具进行计算机实现,从而加深对所学知识的理解。

二、基本要求

(1)掌握“信号与系统”“数字信号处理”“数据通信原理”等课程的基本概念、基本理论和基本方法。

(2)学会使用 MATLAB 仿真工具,掌握 MATLAB 的程序设计方法。

(3)掌握 MATLAB 中信号和噪声的产生方法。

(4)学会利用 MATLAB 对信号进行频谱分析。

(5)学会利用 MATLAB 设计 FIR 滤波器和 IIR 滤波器的方法。

三、实验内容

在 MATLAB 中产生具有加性噪声的信号,并以该信号为分析对象,对信号进行频谱分析;设计 IIR 滤波器,并用其对信号进行频域滤波,比较原信号与滤波后信号的频谱。

四、实验步骤

(一)用 IIR 滤波器实现信号的滤波

1. 带加性噪声的信号的产生和频谱

用 MATLAB 生成带加性噪声的信号,并显示信号的时域波形和频谱图。

2. 设计 IIR 滤波器

根据带加性噪声的信号的频谱特点得到性能指标,由性能指标设计 IIR 滤波器。在 MATLAB 中,利用 butte 函数、cheby1 函数和 ellip 函数设计 IIR 滤波器;然后,利用 MATLAB 中的 freqz 函数画出各滤波器的频率响应。

3. 用滤波器对信号进行滤波

用自己设计的滤波器对带加性噪声的信号进行滤波。在 MATLAB 中,IIR 滤波器利用 filter 函数对信号进行滤波。

4. 分析滤波后信号的频谱

对滤波后的信号进行 FFT,得到信号的频谱特性,与原始信号进行比较,并画出信号的时域波形和频谱。

(二)用 FIR 滤波器实现信号的滤波

1. 带加性噪声的信号的产生和频谱

用 MATLAB 生成带加性噪声的信号,并显示信号时域波形和频谱图。

2. 设计 FIR 滤波器并画出频率响应

根据带加性噪声的信号的频谱特点得到性能指标,由性能指标选择合适的窗函数及 N 值设计 FIR 滤波器。在 MATLAB 中,可以利用 fir1 函数设计 FIR 滤波器,并利用 MATLAB 中的

freqz 函数画出各滤波器的频率响应。

3. 用 FIR 滤波器对信号进行滤波

用自己设计的滤波器对带加性噪声的信号进行滤波。在 MATLAB 中,FIR 滤波器利用 fftfilt 函数对信号进行滤波。

4. 分析滤波后信号的频谱

对滤波后的信号进行 FFT,得到信号的频谱特性,与原始信号进行比较,并画出信号的时域波形和频谱。

五、思考题

IIR 滤波器、FIR 滤波器在实现信号的滤波过程中有何异同之处?

实验二　语音信号处理与滤波

一、实验目的

综合运用通信与信息处理相关课程的理论知识进行频谱分析和滤波器设计;通过理论推导,得出相应结论,再将 MATLAB 作为编程工具进行计算机实现。

二、基本要求

(1)掌握"信号与系统""数字信号处理""数据通信原理"等课程的基本概念、基本理论和基本方法。

(2)掌握在 Windows 环境下语音信号的采集方法。

(3)掌握用 MATLAB 设计 FIR 滤波器和 IIR 滤波器的方法。

(4)学会用 MATLAB 对信号进行分析和处理。

三、实验内容

录制一段自己的语音信号,并对录制的信号进行采样;画出采样后语音信号的时域波形和频谱图;给定滤波器的性能指标,采用窗函数法或双线性变换法设计滤波器,并画出滤波器的频率响应;用自己设计的滤波器对采集的语音信号进行滤波,画出滤波后信号的时域波形和频谱,并对滤波前后的信号进行对比,分析信号的变化;回放语音信号;用 MATLAB 设计一个信号处理系统界面。

四、实验实现

(一)语音信号的采集

在 Windows 环境下用录音机或其他软件,录制一段自己的语音,将时间控制在 1s 左右;然后在 MATLAB 软件平台下,利用 wavread 函数对语音信号进行采样,记住采样频率和采样点数。通过使用 wavread 函数,理解采样频率、采样位数等概念。

wavread 函数的调用格式如下:

```
y = wavread(file)                    % 读取 file 所规定的 wav 文件,返回采样值放在向量 y 中。
[y,Fs,nbits]=wavread(file)  % 采样值放在向量 y 中,Fs 表示采样频率(Hz),nbits 表示采样位数。
y = wavread(file,N)               % 读取前 N 点的采样值放在向量 y 中。
y = wavread(file,[N1,N2])     % 读取从 N1 点到 N2 点的采样值放在向量 y 中。
```

(二)语音信号的频谱分析

首先画出语音信号的时域波形,然后对语音信号进行频谱分析。在 MATLAB 中,可以利用 fft 函数对信号进行 FFT,得到信号的频谱特性,从而加深对频谱特性的理解。其程序如下:

```
[y,Fs,nbits]=wavread('e:\yy.wav',[1024 5120]);
sound(y,Fs,bits);
Y = fft(y,4096);
subplot(211); plot(y); title('原始信号波形');
subplot(212); plot(abs(Y)); title('原始信号频谱');
```

程序运行结果略。

(三)设计滤波器并画出频率响应

根据语音信号的特点给出有关滤波器的性能指标。

(1)低通滤波器性能指标:f_p =1 000 Hz,f_s =1 200 Hz,A_s =100 dB,A_p =1 dB;

(2)高通滤波器性能指标:f_s =4 800 Hz,f_p =5 000 Hz,A_s =100 dB,A_p =1 dB;

(3)带通滤波器性能指标:f_p1 = 1 200 Hz,f_p2 = 3 000 Hz,f_s1 = 1 000 Hz,f_s2 = 3 200 Hz,A_s =100 dB,A_p =1 dB。

要求学生首先用窗函数法设计上面要求的 3 种滤波器。在 MATLAB 中,可以利用 fir1 函数设计 FIR 滤波器;然后再用双线性变换法设计上面要求的 3 种滤波器。在 MATLAB 中,可利用 butte 函数、cheby1 函数和 ellip 函数设计 IIR 滤波器;最后,利用 MATLAB 中的 freqz 函数画出各种滤波器的频率响应。这里以低通滤波器为例来说明设计过程。

用窗函数法设计的低通滤波器的程序如下:

```
fp =1000; fs =1200; As =100; Ap =1;.Fs =22050;
ws =2 * fs /Fs; wp =2 * fp /Fs;
N =ceil((As -7.95) /(14.36 * (ws -wp) /2)) +1;
beta =0.1102 * (As -8.7);
Win =Kaiser(N +1,beta);
wc =(ws +wp) /2
b =fir1(N,wc,Win);
freqz(b,1,512,Fs);
```

程序运行结果如图 4.1 所示。该滤波器是选用凯泽窗设计的,滤波器的幅度和相位响应满足设计指标,但滤波器长度(N =708)太长,实现起来很困难(主要原因是该滤波器指标太苛刻),因此,一般不用窗函数法设计这种类型的滤波器。

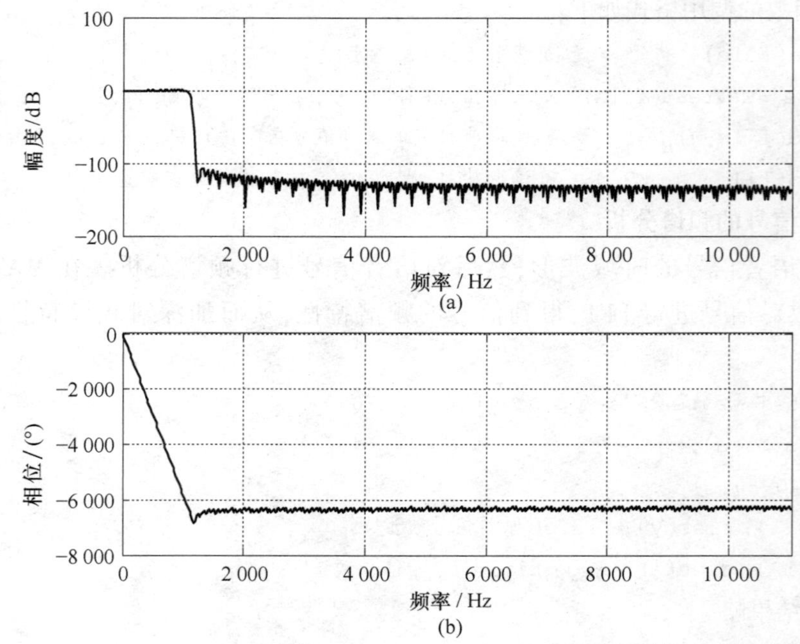

图 4.1 低通滤波器的幅度和相位响应

(a)幅度响应;(b)相位响应

用双线性变换法设计的低通滤波器的程序为

```
fp =1000; fs =1200; As =100; Ap =1; Fs =22050;
ws =2 * fs /Fs; wp =2 * fp /Fs;
[n,wn]= ellipord(wp,ws,Ap,As);
[b,a]= ellip(n,Ap,As,wn);
freqz(b,a,512,Fs);
```

程序运行结果略。这里选用椭圆函数设计该滤波器,该滤波器的幅度和相位响应满足设计指标,滤波器长度为 $N = 11$。

(四)用滤波器对信号进行滤波

比较两种滤波器的性能,然后用性能好的滤波器对采集的信号进行滤波。在 MATLAB 中,FIR 滤波器利用 fftfilt 函数对信号进行滤波,IIR 滤波器利用 filter 函数对信号进行滤波。

(五)比较滤波前后语音信号的波形及频谱

要求在同一个窗口同时画出滤波前后的波形及频谱,其程序为

```
x = filter(b,a,y);
X = fft(x,4096);
subplot(223); plot(x); title('滤波后信号的波形');
subplot(224); plot(abs(X)); title('滤波后信号的频谱');
```

程序运行结果略,得到滤波后的信号的波形和频谱。

(六)回放语音信号

在 MATLAB 中,sound 函数可以对声音进行回放,以便感觉滤波前后的声音变化。其调用格式为

```
sound(x,Fs,bits)
```

(七)设计系统界面

为了使编制的程序操作方便,对于有能力的学生,可以利用 MATLAB 进行图形用户界面的设计。可在所设计的系统界面上选择滤波器的类型、输入滤波器的参数、显示滤波器的频率响应、选择信号等。

五、思考题

(1)简述利用 MATLAB 设计 FIR 滤波器和 IIR 滤波器的方法。

(2) 用滤波器对信号进行滤波时,在 MATLAB 中使用了什么函数?

实验三　语音信号的交混回响

一、实验目的

综合运用通信与信息处理相关课程的理论知识对语音信号的交混回响进行频谱分析和滤波器设计,然后将 MATLAB 作为编程工具进行计算机实现。

二、基本要求

(1)掌握"信号与系统""数字信号处理""数据通信原理"等课程的基本概念、基本理论和基本方法。

(2)掌握在 Windows 环境下语音信号的采集方法。

(3)学会利用 MATLAB 设计滤波器的方法。

(4)学会用 MATLAB 对信号进行分析和处理。

三、实验内容

录制一段自己的语音,对该语音信号进行频谱分析,将信号加入延时和混响,再分析其频谱,并与原语音信号的频谱进行比较。

四、实验步骤

(1)语音信号的获取。在 Windows 环境下用录音机或其他软件,录制一段自己的语音,时间可控制在 1s 左右,保存为 wav 文件。

(2)语音信号的频谱分析。画出语音信号的时域波形,然后对信号进行频谱分析。在 MATLAB 中,可以利用 fft 函数对信号进行 FFT,以得到信号的频谱特性。

(3)信号合成(仿真交混回响效果)。对同一声源,有 3 个不同位置的扬声器接到同一声源,由于听者与扬声器的距离不同,延时也不相同,听到的语音就是 3 个声音的叠加。画出叠加(交混回响)后的声音信号的时域波形,并得到它的频谱特性。

(4)设计滤波器并画出频率响应。设计一个无限回声滤波器,其系统函数为 $H(z)=\frac{z^{-R}}{1-\alpha z^{-R}}$,其中$|\alpha|<1$,并画出它的频率响应。

(5)用滤波器对信号进行滤波。用自己设计的滤波器对原语音信号进行滤波。在 MATLAB 中,IIR 滤波器利用 filter 函数对信号进行滤波;FIR 滤波器利用 fftfilt 函数对信号进行滤波。

(6)分析得到信号的频谱。对得到的信号进行 FFT,将得到信号的频谱特性与原语音信号、信号合成(仿真交混回响效果)所得的信号进行比较,并画出信号的时域波形和频谱。

(7)播放声音。在 MATLAB 中,通过 sound 函数可以对声音进行播放,其可播放合成的声音、滤波后的声音。

五、思考题

(1)如何绘制交混回响声音信号?

(2)当系统函数为 $H(z)=\frac{z^{-R}}{1-\alpha z^{-R}}$时,$|\alpha|$的取值对回声滤波器设计有什么影响?

实验四　离散卷积演示的实现

一、实验目的

通过理论推导得出离散卷积的相应结论,再将 MATLAB 作为编程工具进行计算机实现,与理论推论进行对比,从而加深对所学知识的理解。

二、基本要求

(1)掌握“信号与系统”“数字信号处理”“数据通信原理”等课程的基本概念、基本理论和基本方法。

(2)掌握 MATLAB 的程序设计方法及仿真方法。

(3)掌握线性卷积和圆周卷积的卷积过程及相互关系。

(4)掌握利用 FFT 实现快速变换的方法。

(5)利用 MATLAB 对确定信号进行频谱分析。

三、实验内容

确定两个信号为分析对象,动态演示两个序列的线性卷积和圆周卷积,说明两者之间的关系,并与通过 FFT 实现快速卷积比较。

四、实验步骤

本实验要求实现对卷积过程的动态演示，并要有演示界面，具体要求如下：

(1)信号的输入。可输入任意两个待卷积序列 $x1(n)$、$x2(n)$，长度不作限定。测试数据为：$x1(n)=\{1,1,1,1,0,0,1,1,1,1,0,0\}$，$x2(n)=\{0,1,2,1,0,0,0,1,2,1,0,0\}$。

(2)动态演示线性卷积。动态演示两个序列进行线性卷积 $x1(n)*x2(n)$ 的过程，要求动态演示翻转、移位、乘积、求和的过程。

(3)动态演示圆周卷积。动态演示两个序列进行圆周卷积 $x1(n)\odot x2(n)$ 的过程，要求动态演示翻转、移位、乘积、求和的过程。圆周卷积默认使用两个序列中的最大长度，但卷积前可以指定卷积长度 N 用以进行混叠分析。

(4)两类卷积的关系分析。根据实验结果分析两类卷积的关系。

(5)利用 FFT 实现快速卷积。假定时域序列 $x1(n)$、$x2(n)$ 的长度不小于 10 000，序列内容自定义。利用 FFT 实现快速卷积，验证时域卷积定理，并与直接卷积进行效率对比。

五、思考题

序列的线性卷积和圆周卷积之间的关系是怎样的？

实验五　时域采样定理演示的实现

一、实验目的

利用通信与信息处理相关课程的理论知识对时域采样定理理论知识进行分析、推导，再将 MATLAB 作为编程工具进行计算机实现，通过计算机仿真演示采样定理。

二、基本要求

(1)掌握“信号与系统”“数字信号处理”“数据通信原理”等课程的基本概念、基本理论和基本方法。

(2)掌握信号抽样、抽样定理及抽样前后信号的频谱。

(3)学会利用 FFT 实现快速变换的方法。

(4)利用 MATLAB 对确定信号进行频谱分析。

三、实验内容

以确定信号为分析对象，动态演示在不同采样频率下信号在时频和频域中的不同特性。

四、实验步骤

本实验要求实现对采样定理的动态演示，要有演示界面，具体要求如下：

(1)信号的频谱分析。产生一个频带有限的确定信号,画出它的频谱特性。例如,频域归一化的三角波的频带宽度为 100 Hz,对应的时域信号为:$y(t)=\mathrm{fc}[\mathrm{sinc}(\mathrm{fc}(t/4))]^2/2)$。

(2)动态演示采样过程。动态演示采样过程包括:在采样频率大于、等于或小于信号的最高频率 2 倍的 3 种不同情况下分别画出采样信号的频谱。要求输入采样频率 f_s(根据程序处理需要指定范围)后,在时域演示信号波形、采样脉冲及采样后信号;在频域演示对应的信号频谱、采样脉冲及频域周期拓延。

(3)分析频谱。分析 3 种不同采样频率情况下信号频谱的特征。

(4)设计滤波器并画出频率响应。根据方波和三角波信号的频谱特点得到性能指标,由性能指标设计两个滤波器。在 MATLAB 中,可以利用函数 fir1 设计 FIR 滤波器,利用 butte 函数、cheby1 函数和 ellip 函数设计 IIR 滤波器;最后,利用 MATLAB 中的函数 freqz 画出各滤波器的频率响应。

(5)用滤波器对非带限信号进行滤波。

五、思考题

(1)什么是抽样定理?

(2)若不是带限信号,则应如何实现采样以使其满足采样定理?

实验六 用 FFT 实现信号的频分复用

一、实验目的

通过理论分析,推导 FFT 方法实现频分复用,再将 MATLAB 作为编程工具实现对信号的频分复用,从而加深对所学知识的理解。

二、基本要求

(1)掌握“信号与系统”“数字信号处理”“数据通信原理”等课程的基本概念、基本理论和基本方法。

(2)掌握序列傅里叶变换的计算机实现方法,利用序列傅里叶变换对离散信号、系统和系统响应进行频域分析。

(3)掌握利用 MATLAB 仿真 FIR 实现信号频分复用的方法。

三、实验内容

选择 3 个不同频段的信号对其进行频谱分析,根据信号的频谱特征设计 3 个不同的滤波器;将 3 路信号合成为 1 路信号,分析合成信号的时域和频域特点;将合成信号分别通过设计好的 3 个滤波器,分离出原来的 3 路信号;分析得到的 3 路信号的时域波形和频谱,并与原始信号进行比较,说明频分复用的特点。频分复用结构示意如图 4. 2 所示。

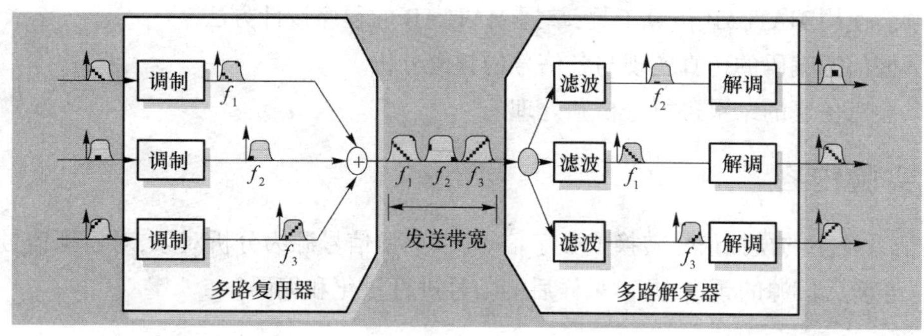

图 4.2　频分复用结构示意

四、实验步骤

(1)发送端滤波器产生 3 路信号。利用 MATLAB 编程语言产生 3 个不同频段的信号,3 路信号可自定义。

(2)对 3 路信号进行频谱分析。画出 3 路信号的时域波形;对信号进行频谱分析,在 MATLAB 中,可以利用 fft 函数对信号进行 FFT,得到信号的频谱特性。

(3)设计滤波器并画出频率响应。根据 3 路信号的频谱特点得到性能指标,由性能指标设计 3 个滤波器。在 MATLAB 中,可以利用 fir1 函数设计 FIR 滤波器,利用 butte 函数、cheby1 函数和 ellip 函数设计 IIR 滤波器;最后,利用 MATLAB 中的 freqz 函数画出各滤波器的频率响应。

(4)信号合成。将 3 路信号叠加为 1 路信号。

(5)用滤波器对信号进行滤波。要求学生用自己设计的滤波器对叠加的信号进行滤波。

(6)分析得到信号的频谱。对得到的信号进行 FFT,得到信号的频谱特性,与原始信号进行比较,并画出信号的时域波形和频谱。

五、思考题

在多路复用器和多路解复器中,所用函数有何特点?

实验七　信号编码的实现及频谱分析

一、实验目的

综合运用通信与信息处理相关课程的理论知识进行频谱分析及采样器、量化器、编码器设计;通过理论推导得出相应结论,并将 MATLAB 作为编程工具进行计算机实现。

二、基本要求

(1)掌握“信号与系统”“数字信号处理”“数据通信原理”等课程的基本概念、基本理论和基本方法。

(2)学会使用 MATLAB 仿真工具;掌握 MATLAB 的程序设计方法。

(3)掌握信源编码的仿真实现与各信号的频谱分析。

(4)学会对仿真的结果进行分析和处理。

三、实验内容

将通信系统中的模拟信号转换成数字信号,以典型信号源为分析对象,对模拟信号进行采样,分析采样前后信源的频谱,并对采样后的信号进行量化和编码。

四、实验步骤

典型信源包括正弦波、方波、锯齿波等(幅度、相位自定义)。

实验要求如下。

1. 采样

(1)产生上述典型信源波形,画出它们的时域波形图及频谱。

(2)编写 MATLAB 采样程序。

(3)根据采样定理对上述信源进行采样,得到离散序列,画出采样后信号的时域波形图及频谱。

(4)当采样的参数设置不同时,分析其对采样后的信号及频谱的影响。

2. 量化及编码

编写 MATLAB 采样程序实现上述采样后的信号的量化及编码,将结果输出到“Command”窗口。

五、思考题

采样与量化及编码之间的关系是什么?

实验八　数字调幅信号的频谱分析及解调的实现

一、实验目的

利用理论知识进行数字调幅信号的频谱分析及解调,再将 MATLAB 作为编程工具进行调幅信号的频谱分析及解调。

二、基本要求

(1)掌握“信号与系统”“数字信号处理”“数据通信原理”等课程的基本概念、基本理论和基本方法。

(2)掌握 MATLAB 仿真实现 2ASK 信号的调制与解调的方法。

(3)掌握功率谱的计算方法。

(4)学会对仿真结果进行分析和处理。

三、实验内容

以调制信号为分析对象,对信号进行频谱分析;设计滤波器,对调制信号进行频域滤波,比较原信号与滤波后信号的频谱。做出每个节点上的波形,画出基带信号、已调信号、高频载波信号的频谱,并对产生的结果进行分析。

四、实验步骤

(1)编写 MATLAB 程序产生以 2ASK 信号:

$$e(t)=S(t)\cos\omega_c t$$

式中,$S(t)=\sum_n a_n g(t-nT_b)$,为基带信号;$a_n=\{11010010\}$ 为测试信号。

(2)画出 2ASK 信号的功率谱。

(3)解调端用相干解调信号 $y(t)=e(t)\cos\omega_c t=S(t)\cos^2\omega_c t$,设计低通滤波器以滤除高频分量,画出解调后信号的时域波形。

(4)增加噪声。若在传输过程中增加噪声,则以高斯白噪声为例,编程实现并分析数字调幅信号的调制与解调。

五、思考题

实验中产生 2ASK 信号时用的函数为 $e(t)=S(t)\cos\omega_c t$。若产生 2FSK 信号,则该用什么函数?

实验九 数字调频信号的频谱分析及解调的实现

一、实验目的

综合运用通信与信息处理相关课程的理论知识对调频信号的频谱进行分析,并进行解调器的实现,再将 MATLAB 作为编程工具进行计算机实现。

二、基本要求

(1)掌握“信号与系统”“数字信号处理”“数据通信原理”等课程的基本概念、基本理论和基本方法。

(2)学会使用 MATLAB 仿真工具,并掌握 MATLAB 的程序设计方法。

(3)学会使用 MATLAB 仿真实现 2FSK 信号的调制与解调。

(4)掌握功率谱的计算方法。

(5)学会对仿真的结果进行分析和处理。

三、实验内容

以调制信号为分析对象,对信号进行频谱分析;设计滤波器,对调制信号进行频域滤波,比较原信号与滤波后信号的频谱;做出每个节点上的波形,画出基带信号、已调信号、高频载波的频谱,并对产生的结果进行分析。

四、实验步骤

(1)产生 2FSK 信号:

$$e(t) = S(t)\cos\omega_{c1}t + \overline{S}(t)\cos\omega_{c2}t$$

式中,$S(t) = \sum_n a_n g(t - nT_b)$,为基带信号;$a_n = \{11010010\}$,为测试信号。

(2)画出基带信号 $S(t)$ 和数字调幅信号 $e(t)$ 的时域波形和功率谱。

(3)设计滤波器。根据调制信号$e(t)$的频谱特征,先设计两个带通滤波器[自行设计,要求指出滤波器的设计指标及选用该滤波器的原因,并用 freqz 函数求/画滤波器的频率响应函数],将$e(t)$分成两路信号;再设计低通滤波器[自行设计,要求指出滤波器的设计指标及选用该滤波器的原因,用 freqz 函数求(画)滤波器的频率响应函数]。滤除高频分量,最后画出各滤波器的频率响应。

(4)解调数字调幅信号,要求解调端用相干解调。通过上述已设计好的滤波器,先将已调信号分为两路,再经过低通滤波器滤除高频分量,最后画出解调后信号的时域波形和频谱。

(5)增加噪声。若在传输过程中增加噪声,则以高斯白噪声为例,编程实现并分析数字调幅信号的调制与解调。

五、思考题

本实验与"实验八数字调幅信号的频谱分析及解调的实现"在实验过程上有何不同?

实验十 2PSK 数字调制信道的建模与仿真

一、实验目的

综合运用通信与信息处理相关课程的理论知识进行频谱分析和调制解调器设计;对 2PSK 信道展开理论分析,并进行建模,并将 MATLAB 作为编程工具进行计算机仿真。

二、基本要求

(1)掌握"信号与系统""数字信号处理""数据通信原理"等课程的基本概念、基本理论和基本方法。

(2)学会利用 MATLAB 仿真实现 2PSK 信号的调制与解调。

(3)根据 PSK 调制、解调进行编程或仿真的结果做出每个节点上的波形,并画出基带信号、已调信号、高频载波的频谱。

(4)学会对仿真的结果进行分析和处理。

三、实验内容

采用2进制相移键控(2PSK),建立一个数字调制信道模型,其中噪声为高斯白噪声;运用MATLAB工具实现2PSK数字调制信道的建模与仿真,做出每个节点上的波形,画出基带信号、已调信号、高频载波的频谱,并对产生的结果进行分析。

四、实验步骤

(1)产生2PSK信号:

$$e(t) = S(t)\cos\omega_{c1}t$$

式中,$S(t) = \sum_{n} a_n g(t - nT_b)$,为双极性基带信号;$a_n = \{11010010\}$,为测试信号。

(2)画出基带信号$S(t)$和数字调幅信号$e(t)$的时域波形和功率谱。

(3)设计滤波器。要据调制信号$e(t)$的频谱特征,先设计两个带通滤波器[自行设计,要求指出滤波器的设计指标及选用该滤波器的原因,用freqz函数求(画)滤波器的频率响应函数],将$e(t)$分成两路信号;再设计低通滤波器[自行设计,要求指出滤波器的设计指标及选用该滤波器的原因,用freqz函数求(画)滤波器的频率响应函数],最后滤除高频分量,画出各滤波器的频率响应。

(4)解调数字调相信号,要求解调端用相干解调。通过上述已设计好的滤波器,先将已调信号分为两路,再经过低通滤波器,滤除高频分量,画出解调后信号的时域波形和频谱。

(5)增加噪声。若在传输过程中增加噪声,则以高斯白噪声为例,编程实现并分析数字调幅信号的调制与解调。

五、思考题

本次实验中所用噪声若换为其他的噪声则对实验有何影响?为什么?

实验十一　2DPSK数字调制信道的建模与仿真

一、实验目的

熟悉2DPSK数字调制信道理论知识,再利用MATLAB对所分析的理论知识进行建模、仿真,从而加深对所学知识的理解。

二、基本要求

(1)掌握“信号与系统”“数字信号处理”“数据通信原理”等课程的基本概念、基本理论和基本方法。

(2)根据DPSK调制、解调进行编程的结果做出每个节点上的波形,并画出基带信号、已调信号、高频载波的频谱。

(3)学会对仿真结果进行分析和处理。

三、实验内容

采用2进制相移键控(2DPSK),建立一个数字调制信道模型,其中噪声为高斯白噪声;运用 MATLAB 工具实现 2DPSK 数字调制信道的建模与仿真,做出每个节点上的波形,画出基带信号、已调信号、高频载波的频谱,并对产生的结果进行分析。

四、实验步骤

(1)产生 2DPSK 信号:

$$e(t) = S(t)\cos\omega_{c1}t$$

式中,$S(t) = \sum_n b_n g(t - nT_b)$,为双极性基带信号;$b_n$ 为 a_n 的相对码序列;$a_n = \{11010010\}$,为测试信号。

(2)画出基带信号 $S(t)$ 和数字调幅信号 $e(t)$ 的时域波形和功率谱。

(3)设计滤波器。根据调制信号 $e(t)$ 的频谱特征,设计两个带通滤波器[自行设计,要求指出滤波器的设计指标及选用该滤波器的原因,用 freqz 函数求(画)滤波器的频率响应函数],将$e(t)$分成两路信号;再设计低通滤波器[自行设计,要求指出滤波器的设计指标及选用该滤波器的原因,用 MATLAB 中的 freqz 函数求(画)滤波器的频率响应函数],并滤除高频分量;最后画出各滤波器的频率响应。

(4)解调数字调相信号,要求解调端用相干解调。通过上述已设计好的滤波器,先将已调信号分为两路,再经过低通滤波器滤除高频分量,最后画出解调后信号的时域波形和频谱。

(5)增加噪声。若在传输过程中增加噪声,则以高斯白噪声为例,编程实现并分析数字调幅信号的调制与解调。

五、思考题

该实验与实验十的不同之处在于双极性基带信号中的序列不同,若 b_n 为 a_n 的相对码序列,那么这对产生的信号有何影响(从波形上分析)?

实验十二　4PSK 信号调制与解调设计及实现

一、实验目的

理解并掌握 4PSK 信号调制与解调的理论知识、方案设计,并将 MATLAB 作为编程工具进行计算机实现,从而加深对所学知识的理解。

二、基本要求

(1)掌握“信号与系统”“数字信号处理”“数据通信原理”等课程的基本概念、基本理论和基本方法。

(2)根据 4PSK 调制、解调进行编程的结果做出每个节点上的波形,并画出基带信号、已调信号、高频载波的频谱。

(3)学会对仿真的结果进行分析和处理。

三、实验内容

利用 MATLAB 编程,实现 4PSK(QPSK)调制解调过程,做出每个节点上的波形,画出基带信号、已调信号、高频载波的频谱,并对产生的结果进行分析。

四、实验步骤

(1)产生一个随机序列。

(2)建立 4PSK 仿真系统模型。其中,输入信号为上述随机信号,信道为 AWGN(加性高斯白噪声)信道。

(3)做出各个节点的波形图,画出发送信号和接收信号的频谱,并比较发送信号和接收信号的异同。

五、思考题

利用 MATLAB 实现 4PSK 信号的调制与解调时,关键点是什么?

实验十三 线性分组码、循环码、卷积码和 BCH 码的仿真

一、实验目的

掌握线性分组码、循环码、卷积码和 BCH 码的相关概念和方法;学会设计并进行 MATLAB 编程仿真,以加深对所学知识的理解。

二、基本要求

(1)掌握线性分组码、循环码、卷积码和 BCH 码的基本概念、基本理论和基本方法。

(2)学会利用 MATLAB 实现线性分组码、循环码、卷积码和 BCH 码的编码译码。

(3)学会对仿真结果进行分析和处理。

三、实验内容

仿真实现线性分组码:采用 MATLAB 编程实现线性分组码的编码与译码,做出误码率曲线图,并对产生的结果进行分析。

仿真实现循环码:采用 MATLAB 编程实现循环码的编码与译码,做出误码率曲线图,并对产生的结果进行分析。

仿真实现卷积码:采用 MATLAB 编程建立卷积码仿真模型,实现卷积码的编码与译码,信号源为伯努利随机 2 进制产生器,采样时间自定,信道自定。做出误码率曲线图,并对产生的结果进行分析。

仿真实现 BCH 码:采用 MATLAB 编程建立 BCH 码仿真模型,实现 BCH 码的编码与译码。做出误码率曲线图,并对产生的结果进行分析。

四、实验步骤

1. 仿真实现线性分组码

(1)建立线性分组码的仿真框图,各模块选择适当的参数进行仿真。

(2)为得到线性分组码的误码率与信道差率概率之间的曲线图,编写相关程序对上述框图进行仿真。

(3)分析得到的结果,得出结论。

2. 仿真实现循环码

(1)建立循环码的仿真框图,各模块选择适当的参数进行仿真。

(2)为得到循环码的误码率与信道差率概率之间的曲线图,编写相关程序对上述框图进行仿真。

(3)分析得到的结果,得出结论。

3. 仿真实现卷积码

(1)建立卷积码的仿真框图,各模块选择适当的参数进行仿真。

(2)为得到卷积的误码率与信道差率概率之间的曲线图,编写相关程序对上述框图进行仿真。

(3)分析得到的结果,得出结论。

4. 仿真实现 BCH 码

(1)建立 BCH 码的仿真框图,各模块选择适当的参数进行仿真。

(2)为得到 BCH 的误码率与信道差率概率之间的曲线图,编写相关程序对上述框图进行仿真。

(3)分析得到的结果,得出结论。

五、思考题

利用 MATLAB 实现仿真线性分组码、循环码、卷积码、BCH 码时,上一仿真是下一仿真的基础吗?

本章小结

通过对本章的学习,可提高学生对学习内容的深入思考,使学生学会分析、总结知识点,同时,可提高学生的实际应用能力和动手能力,将理论的内容通过计算机进行直观的展现,从而增强学生的记忆。此外,本章实验中有很多相同的操作和要求,可以让学生反复熟悉。

参 考 文 献

[1] 郑君里,应启珩,杨为理. 信号与系统(第3版)(上册)[M]. 北京:高等教育出版社,2011.

[2] 郑君里,应启珩,杨为理. 信号与系统(第3版)(下册)[M]. 北京:高等教育出版社,2014.

[3] 吴大正. 信号与线性系统分析(第4版)[M]. 北京:高等教育出版社,2005.

[4] 高西全,丁玉美. 数字信号处理(第4版)[M]. 西安:西安电子科技大学出版社,2016.

[5] 樊昌信,曹丽娜. 通信原理(第7版)[M]. 北京:国防工业出版社,2012.

[6] 沈再阳. MATLAB 信号处理[M]. 北京:清华大学出版社,2017.

[7] 罗伯特·J·希林. 数字信号处理导论:MATLAB 实现(第2版)[M]. 西安:西安交通大学出版社,2014.

[8] 张明照. 应用实现信号分析和处理 MATLAB [M]. 北京:科学出版社,2006.

[9] 余成波,杨菁,杨如民,等. 数字信号处理及 MATLAB 实现(第2版)[M]. 北京:清华大学出版社,2010.